ἐδάκρυσεν
ὁ Ἰησοῦς

우셨다, 그 예수가

홍선경

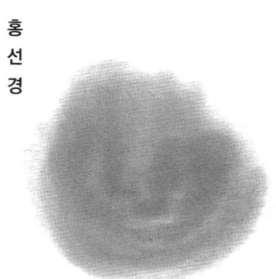

한사람

차례

프롤로그 | 에다크뤼센 호 이예수스 / 12

1장 예수의 눈물-하늘의 눈물

1. 베다니를 아시나요? / 27

   가장 인간적인, 가장 신적인 / 31

2. 주의 사랑하는 자, 나사로 / 36

   또 다른 나사로 / 38

   이틀을 더 유하시다 - 시간을 지체하시는 예수 / 42

   혼돈과 공허, 깊은 흑암의 시간 / 47

3. 우셨다, 그 예수가 / 50

   주님이 여기 계셨더라면 / 51

   예수의 비통함, 예수의 괴로움 / 56

   우셨다, 그 예수가 / 58

4. 돌을 옮겨 놓으라 / 64

　내가 치울 수 없는 내 앞의 돌 / 66

　우리 심령의 골짜기와 산 / 69

　인류 앞의 돌을 옮겨준 세례자 요한 / 73

　소리로 산다는 것 / 75

5. 나사로야, 나오라 / 80

　말씀, 우리의 새로운 숨 / 81

6. 풀어 놓아 다니게 하라 / 90

　사람, 악취 나는 존재 / 91

　새로운 피조물, 그러나 여전히 냄새나는 사람들 / 94

　의존과 굴욕을 통해 성숙해가는 우리들 / 99

　주께 발을 내놓아야 합니다 / 101

　냄새나는 노아의 방주 / 103

　교회, 풀어 놓아 다니게 하는 공동체 / 104

2장 우리들의 눈물-땅의 눈물

1. 아담의 눈물, 속울음을 우는 아버지 / 111

    인류의 첫 비극이 형제 살인인 이유 / 113

2. 하갈의 눈물, 네가 어디서 와서 어디로 가느냐 / 118

    광야에서 우는 하갈 / 120

    하갈, 주의 사자를 만나다 / 124

    우리는 도대체 어디서 왔을까 / 128

    만드신 이가 있는 우리 / 130

    우리는 어디로 가는 것일까 / 132

    사래의 여종 하갈아, 돌아가라 / 135

    다시 광야에서 눈물을 흘리는 하갈 / 137

3. 라헬의 눈물, 어느 누구도 위로할 수 없는 슬픔 / 142

    아기 예수, 피바람을 몰고 이 땅에 오시다 / 149

    피바람 속에서 태어난 모세 / 153

    오래된 슬픔 오래갈 슬픔 / 155

4. 요셉의 눈물, 울고 울고 또 울고 / 163

   요셉의 첫 번째 눈물: 드디어 죄를 죄로 아셨군요 / 166

   죄가 반드시 너희를 찾아내리라 / 170

   요셉의 두 번째 눈물: 사랑하는 내 동생 베냐민 / 174

   요셉의 세 번째 눈물: 이제는 됐습니다 / 177

   아버지의 고통을 본 아들들 / 182

   요셉의 네 번째 눈물: 아버지, 나의 아버지 / 185

   요셉의 다섯 번째, 여섯 번째 눈물: 죽음을 바라보며 / 186

   요셉의 큰 애통 / 188

   요셉의 일곱 번째 눈물: 저의 용서를 믿어 주세요 / 189

5. 마리아의 눈물, 당혹스러운 은혜 고통스런 은혜 / 193

   하나님의 아들, 나사렛 마리아의 몸 안으로 오시다 / 194

   당혹스러운 은혜, 황당한 은혜 / 200

   홀로의 시간, 하지만 결코 홀로가 아님을 / 208

   내 안에 예수가 오시면 우리도 마리아가 됩니다 / 212

   칼이 당신의 마음을 찌를 것입니다 / 214

   예수 믿는 것이 죄가 되어 / 217

6. 베드로의 통곡, 내 영혼의 닭이 울 때 / 219

   멀찍이-떠나지도 못하고 가까이 가지도 못하고 / 223

   베드로, 주와 시선이 마주치다 / 227

   베드로, 자신의 민낯을 보다 / 229

   베드로야, 너무 힘들어하지 마라 / 235

   쓰디쓴 울음, 그 후 / 239

   내 영혼의 닭이 울 때 / 242

   베드로에게도 꼭 전해라 / 244

3장 슬퍼하는 자는 복이 있나니

1. 울 곳_호곡장 / 251

   한나의 울음터, 성전 / 254

   사람, 울 곳이 필요합니다 / 257

   십자가, 인류의 호곡장 / 260

2. 백만 번을 산다한들 / 263

    사랑이 고프다는 것은 하나님이 고프다는 것 / 265

    울음, 인간의 첫 번째 언어 / 268

    사랑은 애통을 낳고 애통은 변화를 낳고 / 270

    백만 번을 산다한들 / 272

3. 곡비를 아십니까? / 275

    하나님도 곡비가 필요합니다 / 277

    교회, 하나님의 곡비 / 281

4. 산산조각 나면 / 285

    조각난 마음 - 상한 심령 / 288

5. 울지 마라 / 293

에필로그 | 내 안의 일렁이는 슬픔 / 300

일러두기) 성경 본문은 새번역을 따릅니다. 문맥에 따라 개역개정이나 공동번역을 사용할 경우 괄호로 표기해 두었습니다.

ἐδάκρυσεν ὁ Ἰησοῦς

이 땅의 삶이 버거울 때마다 눈물을 흘리시는 예수께 달려갑니다. 더 큰 슬픔으로 저를 안아주시는 예수 그리스도. 예수를 통해 하나님의 아픔과 슬픔을 만나면 다시 살아갈 이유를 찾게 됩니다. 그러고 나면 여지없이 전보다 더 이 땅을, 그리고 저의 삶을 더 사랑하게 됩니다.

우셨다, 그 예수가 ἐδάκρυσεν ὁ Ἰησοῦς (에다크뤼센 호 이예수스)
Jesus wept

20대 초반으로 기억됩니다. 정호승 시인의 『서울 예수』를 읽고 울었던 때가. 2천 년 전 갈릴리에 살았던 예수가 아닌 내가 사는 서울에 나타난 예수. 한강에서 젖은 옷을 말리고 있는 예수라니. 20대 초반의 순진한 청년에게는 너무도 충격적인 묘사였습니다. 젖은 옷을 입고 서대문 구치소 담벼락에 기대어 울고 있는 예수라니. 세상 물정 모르는 저에게 인간 예수를 생각하게 한 아름답고 서러운 장면이었습니다.

예수의 눈물, 인간이 된 신(神)의 눈물. 말씀이 육신이 되었다는 그 감당하기 어려운 아름다운 성육화(成育化)는 어쩌면 하나님의 눈물이 육신이 된 것은 아닐까 싶습니다.

우리말 '예수께서 눈물을 흘리시더라'로 번역된 요한복음 11장 35절은 헬라어로는 에다크뤼센 호 이예수스 (ἐδάκρυσεν ὁ Ἰησοῦς)로, 그대로 직역하면 "우셨다 그 예수가"입니다. '우셨다, 그 예수가'. 우는 창조주, 우는 전능자, 우는 하나님의 아들, 우는 사람의 아들. 언제부터인가 힘겨울 때마다 요한복음 11장 35절 말씀에 파묻혀 위로를 받았습니다. 앞뒤 문맥 필요 없이 그저 예수가 울었다는 것만으로도 세상 그 어떤 위로보다 웅숭깊은 위로였습니다.

이 땅의 삶이 아름답지 않은 때도 없지만 아프지 않은 때도 없었습니다. 마냥 기뻐하기에는 예수의 눈물이 세상 곳곳에 있고, 그렇다고 마냥 슬퍼하기에는 지으시고 보시기에 심히 좋았더라 하신 창조주의 기쁨이 여전히 세상 곳곳에서 눈부시게 빛을 발하고 있습니다. 아둔한 자가 말씀 앞에 서니 자꾸 눈물이 납니다. 눈물이 나면 말씀을 펴고, 말씀을 펴면 눈물이 납니다.

성경이 기록한 예수의 눈물은 모두 세 차례입니다. 한 번은 나사로의 무덤 앞에서 우셨고(요11:35), 또 한 번은 예루살렘 성을 보시고 우셨습니다(눅19:41). 그리고 나머지 한 번은 간접적인 기록으로 히브리서가 주의 통곡과 눈물을 기록합니다(히5:7). 우리 주 예수 그리스도는 분명 웃기도 많이 웃으셨을 겁니다. 아이들을 보시고 미소를 지으셨을 것이고 세리와 창기들과 식사를 하실 때는 호방하게 웃으셨을 겁니다. 주를 기뻐하는 순박한 사람들 사이에서 그들 중 하나가 되어 즐거이 웃으셨을 겁니다. 하지만 이상하게도 성경은 예수의 웃음을 기록하지 않습니다. 예수의 웃음을 이야기하기에는 예수의 눈물과 슬픔이 너무 크고 깊어서일지 모릅니다.

성경은 신(神)의 기쁨으로 시작합니다. 창세기 창조 기사에서 하나님은 세상을 창조하실 때 얼마나 흡족하셨는지 보시기에 좋았다고 연거푸 말씀하십니다. 하지만 하나님의 그 큰 기쁨은 창세기 2장에서 막을 내립니다. 창세기 3장에서 인간이 범죄 한 후 성경에는 내내 하나님의 아픔이 진하게 드리워져 있습니다.

예수를 만나면 우리는 말할 수 없는 기쁨의 우물과 역시 말로 다 할 수 없는 슬픔의 우물을 함께 갖게 됩니다. 우리를 향하신 하나님의 계획이 얼마나 경이로운지 이 땅이 얼마나 아름다운지 발견하면서 기쁨의 우물에서 내내 감사와 희락, 찬양과 희열을 길어 올립니다. 그 어떤 가뭄에도 물이 나오는 깊은 기쁨의 우물입니다. 그런가 하면 아들을 주신 하나님 아버지의 아픔을 만나면서 슬픔의 우물에서 눈물을 길어 올립니다. 상실과 결핍, 애통과 애곡, 가난과 질병, 탐욕과 이기의 세상을 보며 예수의 눈물을 들이킵니다. 찬양과 감사의 우물물을 마실 때도 예수가 그립고 애곡과 애통의 우물을 마실 때도 예수가 그립습니다.

　이 땅의 삶이 버거울 때마다 눈물을 흘리시는 예수께 달려갑니다. 더 큰 슬픔으로 저를 안아주시는 예수 그리스도. 예수를 통해 하나님의 아픔과 슬픔을 만나면 다시 살아갈 이유를 찾게 됩니다. 그러고 나면 여지없이 전보다 더 이 땅을, 그리고 저의 삶을 더 사랑하게 됩니다.

　1장은 예수께서 눈물 흘리신 현장의 이야기입니다. 나사로의 무덤 앞에서 눈물 흘리신 예수 그리스도. 그분 곁으로 다가가 봅니다. 눈물을 흘리시는 전능자, 아파하는 창조주, 탄식하는 구원자. 참으로 납득하기 어렵습니다. 이 땅에 오신 것도 놀라운데 이 땅에서 아파하고 눈물을 흘리며 우시다니. 눈물을 흘리심으로 가장 인간적인 모습을, 사람을 살리심으로 가장 신적인 모습을 드러내신 그 현장 속으로 들어가 봅니다.

2장은 성경 안에서 눈물을 흘린 사람들의 이야기입니다. 그들이 우는 현장에서 무슨 일이 일어나는가 들어가 봅니다. 우리 모두 죄인이라는 말은 우리 삶에는 누구에게나 고통이 있다는 말입니다. 고통 없는 인생이 없다는 것은 어느 누구 하나 예외 없이 죄인이라는 말입니다. 고통 속에 임하신 하나님의 은혜, 죄인인 우리에게 임하는 하나님의 은혜를 함께 합니다. 그들의 눈물은 곧 우리의 눈물이고 동시에 예수의 눈물임을 새롭게 발견합니다. 이 땅에 오셔서 죄인의 모습으로 죽으신 예수 그리스도는 예나 지금이나 사람을 통해 눈물을 흘리십니다.

3장은 우리 일상 속 슬픔과 눈물에 대한 이야기입니다. 하나님은 사람에게 눈물을 주셨습니다. 운다는 것이 얼마나 아름답고 귀한 것인지 생각해 봅니다. 슬픔과 눈물이 하는 일을 써 내려가 보았습니다.

하나님의 눈물, 하나님의 고통을 나누고 싶었습니다. 사람의 눈물, 사람의 고통을 나누고 싶었습니다. 사람이 눈물 흘릴 때 하나님도 함께 눈물을 흘리신다는 것을 나누고 싶었습니다.

부족한 저의 글을 기다려준 한사람출판사에 깊이 감사드립니다. 출판 일이 아니어도 계속 만나 함께 사랑하며 지낼 우지연 대표님과 송희진 목사님께 깊이 감사드립니다. 내 모든 눈물에 함께 하시는 내 주 예수 그리스도께, 그분의 교회 나무교회에, 사랑하는 우리 교우님들께, 그리고 사랑하는 기석 님과 서진 님, 동관 님께 사랑의 마음을 전합니다.

시인 김소연은 그의 시 [모른다]를 통해 이렇게 말합니다. [1]

모르니까 쓴다

아는 것을 쓰는 것은

시가 아니므로

여기 쓴 글들은 (시는 아니지만) 모르니까 쓸 수 있었던 글입니다. 안다면 도리어 쓰지 못했을 것입니다. 모르기에 용감하게 써 내려갈 수 있었습니다. 여전히 모르겠다고 함께 말할 수 있기를 바라봅니다.

---

1) 김소연, 『눈물이라는 뼈』 (서울: 문학과지성사, 2009), 133.

서울 예수 — 정호승[2]

1.

예수가 낚싯대를 드리우고 한강에 앉아 있다. 강변에 모닥불을 피워 놓고 예수가 젖은 옷을 말리고 있다. 들풀들이 날마다 인간의 칼에 찔려 쓰러지고 풀의 꽃과 같은 인간의 꽃 한 송이 피었다 지는데, 인간이 아름다워지는 것을 보기 위하여, 예수가 겨울비에 젖으며 서대문 구치소 담벼락에 기대어 울고 있다.

가장 아름다운 사람 예수, 그는 사람이 아름다워지는 것을 보고 싶습니다. 사람이 되어 이 땅에 온 하나님의 아들, 예수. 그가 한강에 앉아있습니다. 모닥불을 피워 놓고 젖은 옷을 말리고 있습니다. 그의 옷은 겨울비에 젖었습니다. 그의 옷을 적신 겨울비는 하나님의 눈물인지도 모르겠습니다. 이 땅의 사람들을 보고 아파하는 신(神)의 눈물, 그 눈물에 온몸이 젖은 예수가 웁니다. 예수 그리스도, 그는 그저 웁니다. 구치소 안의 슬픔과 억울함, 그리고 서러움. 그들의 사연에 예수가 웁니다. 아프게 아프게 담벼락에 기대어 웁니다. 그대를 위해 예수가 웁니다.

---

2) 정호승, 『서울의 예수』(서울: 민음사, 1994), 46-49.

2.

술 취한 저녁, 지평선 너머로 예수의 긴 그림자가 넘어간다. 인생의 찬밥 한 그릇 얻어먹은 예수의 등 뒤로 재빨리 초승달 하나 떠오른다. 고통 속에 넘치는 평화, 눈물 속에 그리운 자는 있었을까. 서울의 빵과 사랑과, 서울의 빵과 눈물을 생각하며 예수가 홀로 담배를 피운다. 사람의 이슬로 사라지는 사람을 보며, 사람들이 모래를 씹으며 잠드는 밤. 낙엽들은 떠나기 위하여 서울에 잠시 머물고, 예수는 절망 끝으로 걸어간다.

무엇인가에 취한 세상. 취하지 않고서는 견딜 수 없는 세상인지도 모릅니다. 예수에게도 그림자가 있습니다. 저녁 긴 그림자를 발끝에 달고 또 한 번의 밤을 맞이합니다. 노동의 고단함, 피곤한 육체, 채워지지 않는 배고픔, 사람들의 고통과 슬픔에 예수가 취합니다. 예쁜 초승달이 더욱 서러운 밤입니다. 화려한 도심 한가운데 모진 자본주의 아래서 새삼 무능을 만난 사람, 담배 한 개비로 위로 삼는 그들이 서울의 예수입니다. 사람을 사랑하다가 실패한 사람들, 사람을 아파하다 절망하는 사람들, 다시 절망을 향해 걷는 사람들, 그들이 서울 예수입니다.

고통으로 평화를 산 아버지. 자유를 얻기 위해 흘렸던 눈물의 시간을 품에 안고 예수는 오늘도 도심 한가운데를 걷고 있습니다.

3.

> 목이 마르다. 서울이 잠들기 전에 인간의 꿈이 먼저 잠들어 목이 마르다. 등불을 들고 걷는 자는 어디 있느냐. 서울의 들길은 보이지 않고, 밤마다 갯더미에 주저앉아서 겉옷만 찢으며 우는 자여. 총소리가 들리고 눈이 내리더니, 사랑과 믿음의 기슭 사이로 첫눈이 내리더니, 서울에서 잡힌 돌 하나, 그 어디 던질 데가 없도다. 그리운 사람 다시 그리운 그대들은 나와 함께 술잔을 들라. 눈 내리는 서울의 밤하늘 어디에도 내 잠시 머리 둘 곳이 없나니, 그대들은 나와 함께 술잔을 들라. 술잔을 들고 어둠 속으로 이 세상 칼끝을 피해 가다가, 가슴으로 칼끝에 쓰러진 그대들은 늘 그친 서울 밤의 눈길을 걸어가라. 아직 악인의 등불은 꺼지지 않고, 서울의 새벽에 귀를 기울이는 고요한 인간의 귀는 물임에 젖어, 목이 마르다.

내가 목마르다, 십자가에서 그리 말한 예수가 지금도 목이 마릅니다. 서울 땅에서 잡은 돌, 어디로 던지리이까. 그 어디로도 돌을 던지지 못하는 긍휼의 예수. 사람의 아들들과 축배를 들고픈 사람의 아들 예수. 꺼지지 않는 자본주의 등불, 기어이 착한 사람을 찾아내서 죽이는 악인들의 화려한 칼날. 서울의 새벽, 모진 강자는 다시 어리숙한 약자를 찾아 나섭니다. 그 어디에도 예수가 마실 물이 없습니다.

4.

사랑의 잔을 마시고 싶다. 추억이 아름다운 사람을 만나, 소주잔을 나누며 눈물의 빈대떡을 나눠 먹고 싶다. 꽃잎 하나 칼처럼 떨어지는 봄날에 물임을 스치는 사람의 옷자락 소리를 들으며, 마음의 나라보다 사람의 나라에 살고 싶다. 새벽마다 사람의 등불이 꺼지지 않도록 서울의 등잔에 홀로 불을 켜고 가난한 사람의 창에 기대어 서울의 그리움을 그리워하고 싶다.

술잔을 기울이는 이들의 마음에 예수가 있습니다. 기울이는 술잔 속에 예수가 비칩니다. 이상과 공허로 가득한 마음속 나라가 아닌 허술하고 빈구석 많더라도 사람 냄새 가득한 사람의 나라에서 살고 싶었던 예수. 도시가 삼킨 우리네 행복. 기어이 서울에서 버티고 사는 가난한 사람들의 창에 기대어 시골이었을 때의 서울을 그리워합니다.

5.

나를 섬기는 자는 슬프고, 나를 슬퍼하는 자는 슬프다. 나를 위하여 기뻐하는 자는 슬프고, 나를 위하여 슬퍼하는 자는 더욱 슬프다. 나는 내 이웃을 위하여 괴로워하지 않았고, 가난한 자의 별들을 바라보지 않았나니, 내 이름을 간절히 부르는 자들은 불행하고, 내 이름을 간절히 사랑하는 자들은 더욱 불행하다.

예수를 섬기고 예수를 기뻐하는 생애, 그 생애에는 눈물이 있습니다.

행복한 불행, 불행한 행복. 사람의 아들이면서 하나님의 아들이고 하나님의 아들이면서 사람의 아들로 산 예수 그리스도. 그를 섬기는 일은 그를 기뻐하는 일, 그를 사랑하는 일은 그를 슬퍼하는 일. 그 깊은 행복과 그 깊은 불행. 기쁨과 슬픔이 하나임을 알게 됩니다. 삶과 죽음이 하나임을 알게 됩니다.

1장

예수의 눈물

―

하늘의 눈물

1. 베다니를 아시나요?

　이 일은 베다니에서 일어난 일입니다. 하지만 베다니에서만 일어난 일은 아닙니다. 이 일은 나사로에게 일어난 일입니다. 하지만 나사로에게만 일어난 일이 아닙니다. 2천 년 전, 지구 한 귀퉁이에서 어느 한 날, 한 사람에게 일어난 일이지만 이 일은 그렇게 끝난 일이 아닙니다. 이 일은 온 인류에게 일어난 일이고 어제도 오늘도 그리고 내일도 일어나게 될 일입니다.

　그날은 예수께서 나사로라는 한 사람을 살리신 날입니다. 그래서 많은 사람들이 예수께 놀라고 예수를 믿게 된 날입니다. 그날은 예수가 나사로를 살린 일로 또 다른 사람들이 예수를 죽이기로 더욱 마음을 굳게 먹은 날입니다. 그리고 그날은 무엇보다도 우리 주 예수 그리스도께서 한 사람의 무덤 앞에서 눈물을 흘리신 날입니다.

베다니는 예루살렘 동편에 있는 작은 마을입니다. 그 이름이 무엇을 뜻하는지에 대해서는 의견이 분분합니다. 베다니는 아람어로 베트 아냐(Beth anya), 그러니까 '가난한 자의 집'에서 왔다는 의견이 있고, 베이트 히니(Beit hini), '무화과의 집'에서 유래한 지명이라는 의견이 있습니다. 베다니 마을이 어떤 이에게는 '무화과의 집'으로, 또 어떤 이는 '가난한 자의 집'으로 들릴 수 있다는 얘기입니다. 무화과나무가 많았다고 하니 무화과의 집이라고 해도 수긍이 가고, 가난한 자들이 많았다니 가난한 자의 집이라 해도 고개가 끄덕여집니다. 정확히 어디서 유래한 이름인지 알 수 없습니다. 그 어느 쪽이어도 좋다 싶습니다. 우리가 베다니에 관심을 갖는 것은 예수께서 그곳 베다니에 자주 가셨기 때문이고, 그곳 베다니에서 우리 주 예수께서 죽은 자를 살리시는 놀라운 일을 하셨기 때문이고, 그리고 그 일을 행하기 전에 우셨기 때문입니다.

예수 그리스도는 이 땅에 머리 둘 곳이 없다고 하셨습니다.

마태복음 8:20
예수께서 그에게 말씀하셨다. "여우도 굴이 있고, 하늘을 나는 새도 보금자리가 있으나, 인자는 머리 둘 곳이 없다."

예수는 바리새인들과 서기관들의 공격은 말할 것도 없고 보통의 사람들로부터 미쳤다는 소리까지 들으셨습니다.

마가복음 3:21
예수의 가족들이, 예수가 미쳤다는 소문을 듣고서, 그를 붙잡으러 나섰다.

이 세상 모든 만물이 모두 하나님의 거처이건만 육신을 입은 하나님의 아들은 머리 둘 곳이 없었습니다.

요한복음 1:3
모든 것이 그로 말미암아 창조되었으니, 그가 없이 창조된 것은 하나도 없다.

머리 둘 곳이 없으셨던 예수, 미쳤다는 소리까지 들은 예수는 수시로 베다니에 가셔서 쉬셨습니다. 그곳에 가면 주의 말씀을 온 몸으로 듣는 마리아가 있었고 주를 위해 음식을 만드는 마르다가 있었고, 그리고 예수께서 사랑하시는 나사로가 있었습니다. 그곳에서 예수님은 즐거이 말씀을 전하시고 맘껏 잡숫고 유쾌하게 웃으셨을 것입니다. 그렇습니다. 베다니는 주님의 친구들-나사로 마르다 마리아-이 있는 곳, 언제든 가셔서 쉴 수 있었던 곳, 언제 가든 환영받으셨던 곳입니다.

프랭크 바이올라(Frank Viola)는 그의 책『주님은 베다니를 사랑했지』(God's favorite place on earth)에서 말합니다. 예수는 가는 곳마다 거부당했지만 단 한 곳의 예외가 있었는데, 그곳은 다름 아닌 베다니라고.[3]

베다니에서 예수는 온전한 받아들임을 경험한다고 그는 말합니다. 프랭크 바이올라가 말하는 그 온전한 받아들임이라는 것은 베다니에 살고 있는 마리아와 마르다, 그리고 나사로가 주님을 대한 방식을 말하는 동시에 주님이 그들을 대하신 방식을 말하는 것으로 보입니다.

예수께 베다니는 특별한 곳이었습니다. 주님은 부활 이후 승천하실 때도 베다니 앞에서 하늘로 올라가십니다.

누가복음 24:50-51
그리고 예수께서는 그들을 [밖으로] 베다니까지 데리고 가서, 손을 들어 그들을 축복하셨다. 예수께서는 그들을 축복하시는 가운데, 그들에게서 떠나

---

3) 프랭크 바이올라,『주님은 베다니를 사랑했지』,이남하 옮김. (서울: 대장간, 2021), 33.

하늘로 올라가셨다.

베다니는 예수께 남다른 곳임에 분명합니다. 예수께서 마음에 두신 특별한 그곳, 베다니에도 죽음이 찾아옵니다.

가장 인간적인, 가장 신적인

이 일은 주님이 사랑하신 그 베다니에서 일어난 일입니다. 너무도 놀라운 일이고 어느 누구도 상상조차 해 본적이 없는 일입니다. 2천 년이 지난 지금도 많은 이들이 그날의 일을 알고 있습니다. 예수는 그전에 보여주신 기적과는 차원이 다른 기적을 보여주십니다. 죽은 사람을 살리시다니, 그리고 살리실 거면서 눈물을 흘리시다니. 그날 베다니에서 있었던 그 일은 놀라운 일인 동시에 궁금한 일입니다. 예수 그리스도는 죽은 이 앞에서 눈물을 흘리심으로 자신이 참 사람임을, 그리고 그 죽은 사람을 살리심으로 자신이 참 하나님이심을 보여주십니다. 그날 그 사건은 예수가 참 하나님이심을, 또한 예수가 참 사람임을 동시에 보여주는 사건입니다. 이 일은 예수께서 십자가에서 죽으시기 전에 마지막으로 행하신 기적으로 자신이 누구인지를 드러내신 마지막 표적(sign)입니다.

예수는 이 땅에서 세 사람을 죽음으로부터 살려내십니다. 회당장 야이로의 딸과 나인성 과부의 아들, 그리고 베다니에 사는 나사로입니다.

죽은 이를 살리는 사건은 성경에 수차례 나옵니다. 엘리야도 사르밧 과부의 아이를 살렸고(왕상17:17-24), 엘리사도 수넴 여인의 아이를 살린 바 있습니다(왕하14:32-37). 베드로도 과부 다비다를 살렸고(행9:36-43), 사도 바울도 청년 유두고를 살립니다(행20:7-12). 다 죽어가는 이를 치료한 것이 아닙니다. 죽은 사람을 살린 겁니다.

이미 죽은 사람을 살려내 다시 삶을 이어가도록 하는 일은 본디 우리에게 허락된 일이 아닙니다. 다시 말해, 있을 수 없는 일입니다. 삶과 죽음의 경계를 무너뜨리는 일은 우리 영역 밖의 일입니다. 죽은 사람을 다시 살리는 일은 하나님이 만든 창조 섭리를 뒤집는 일입니다. 하나님은 사람이 주어진 한 삶을 다 살고 죽으면 이제 다시는 이 땅에 발을 디딜 수 없게 하셨습니다. 모든 인류가 그랬고 앞으로도 그럴 것입니다. 삶과 죽음의 경계를 그리도 선명히 구분 지어 놓으신 창조주께서 죽은 자를 살려내다니. 이는 창조주 스스로 자신이 정한 법칙을 깨뜨리는 일입니다.

성경 속에서 죽은 이가 다시 살아난 사건은 모두 예수 부활에 대한 은유입니다. 죽은 이가 살아난 일 그 자체로 큰 의미를 가졌다고 보기는 어렵습니다. 성경 속에서 다시 살아난 사람들, 너무도 놀라운 은혜를 경험하지만 그들도 결국 죽습니다. 사람이 다시 살아났다는 것은 그저 두 번 죽는 것을 의미할 뿐입니다. 다시 살아나고 다시 살아나고 또다시 살아난다고 해도 사람은 결국 죽습니다. 마치 물수제비를 뜨면 돌멩이가 통통통 물 위로 뜨지만 결국 가라앉게 되는 것과 같은 겁니다. 돌멩이가 물 위를 튈 때 신기하고 즐겁지만 결국 돌은 물에 가라앉게 됩니다. 그렇습니다. 모든 인간은 결국 죽습니다. 살아난다 해도 결국은 죽습니다. 성경에서 죽은 이가 다시 살아난 사건은 하나님의 능력을 보여주거나 하나님의 사람들의 능력을 보여주기 위한 사건은 아닙니다. 예수의 부활에 대한 은유이거나 사람을 향한 하나님의 마음을 보여주거나 둘 중 하나입니다.

예수께서 공생애 기간에 죽은 이를 다시 삶의 자리로 부르신 세 차례의 사건은 그 시작이 모두 다릅니다. 회당장 야이로의 딸은 아버지 야이로의 간청으로 시작되었습니다(마9:18; 막5:22; 눅8:41). 아버지의 간청으로 그의 집에 가서 그의 딸을 살리십니다. 나인성 과부의 아들의 경우는 아무도 간청하지 않았습니다. 예수께서 장례 행렬을 보시고 먼저 다가가 그 아들을 살리십니다(눅7:11-15). 한 번은 아버지의 애끓는 간절함에, 또 한 번은 어머니의 처절한 아픔에 예수 그리스도의 마음이 움직입니다. 우리 주 예수 그리스도는 한 번은 아버지의 마음으로, 또 한 번은 어머니의 마음으로 주검에 손을 대십니다. 예수 그리스도는 그렇게 한 번은 딸을, 또 한 번은 아들을 살리십니다.

나사로를 살리신 사건은 앞의 두 사건과는 사뭇 다릅니다. 나사로를 살려달라는 아버지도 아들을 먼저 보내는 가여운 어머니도 없었습니다. 어느 누구도 나사로를 살려 달라 하지 않았습니다. 주님 역시 나사로나 나사로의 가족에 대한 긍휼함으로 그를 살리신 것 같지는 않습니다. 우리는 이 사건의 시작부터 뭔가 주님의 의도가 있다는 것을 느끼게 됩니다. 나사로를 살리신 사건은 다른 두 사건에 비해 매우 길게 서술되어 있습니다. 성경은 그 시작부터 과정 그리고 결과까지 기록합니다. 성경이 길게 다루고 있다는 것은 그만큼 중요한 메시지를 담고 있다는 것입니다. 우리 주님은 그곳 베다니에서 매우 주도적이셨고 적극적이셨습니다. 무엇보다도 그곳 베다니 나사로의 무덤 앞에서 우셨습니다. 눈물을 흘리셨습니다. 아마도 가장 편하게 가장 많이 웃으셨을 그곳에서 있는 그대로의 슬픔과 아픔을 그대로 드러내십니다. 신의 아들로서, 그리고 사람의 아들(人子)로서 눈물을 흘립니다. 그러고는 그곳에서 매우 공개적으로 죽은 이를 살렸습니다. 분명 앞의 두 사건과는 다른 무엇이 있습니다.

지금부터 그날 베다니에서 일어난 그 사건-눈물을 흘리심으로 가장 인간적인 모습을 드러내신 동시에 죽은 이를 살리심으로 가장 신적인 모습을 드러내신 그 놀라운 현장-속으로 들어가 보겠습니다. 나사로를 살리신 사건을 통해 우리에게 말씀하시는 하나님, 그분의 마음을 만나러 출발해 보겠습니다.

2. 주의 사랑하는 자, 나사로

요한복음 11:1-6
한 병자가 있었는데, 그는 마리아와 그의 자매 마르다의 마을 베다니에 사는 나사로였다.
마리아는 주님께 향유를 붓고, 자기의 머리털로 주님의 발을 씻은 여자요, 병든 나사로는 그의 오라버니이다.
그 누이들이 사람을 예수께로 보내서 말하였다. "주님, 보십시오. 주님께서 사랑하시는 사람이 앓고 있습니다."
예수께서 들으시고 말씀하셨다. "이 병은, 죽을 병이 아니라 오히려 하나님의 영광을 드러낼 병이다. 이것으로 말미암아 하나님의 아들이 영광을 받게 될 것이다."
예수께서는 마르다와 그의 자매와 나사로를 사랑하셨다.
그런데 예수께서는 나사로가 앓는다는 말을 들으시고도, 계시던 그 곳에 이틀이나 더 머무르셨다.

'주님, 보시옵소서. 주님께서 사랑하시는 사람이 앓고 있습니다.' 예수께서 나사로가 많이 아프다는 소식을 전해 들으십니다. 나사로의 누이인 마리아와 마르다가 예수께 사람을 보내 전한 소식입니다. 이 가족으로 말할 것 같으면 주님이 수시로 그들 집에 들러 즐거이 지내던 가족입니다. 동생 마리아는 주님께 향유를 부은 바 있고(요11:2, 12:1-8), 언니 마르다는 주께서 갈 때마다 음식을 대접했습니다(눅10:38-42). 예수께서 나사로를 얼마나 각별히 생각하셨는지 그가 아프다는 소식을 전할 때도 '주께서 사랑하는 사람'이 아프다고 전합니다(요11:3). 또한 성경은 예수께서 나사로뿐 아니라 그 삼 남매 모두를 사랑하셨다고 알려줍니다(요11:5).

베다니의 나사로는 그렇게 등장합니다. 한 병자로, 주님이 사랑하는 한 사람으로, 그리고 죽게 될 사람, 곧 죽을 사람으로 등장합니다. 나사로라는 이름의 뜻은 '하나님께서 도우신다'입니다. 나사로, 참 좋은 이름입니다. 이 좋은 이름을 가진 사람이 복음서에 한 명 더 나옵니다. 그는 실존 인물은 아닙니다. 주님이 들려주신 비유 속에 등장하는 사람입니다.

누가복음에 기록된 부자와 거지 나사로 이야기, 바로 그 이야기 속 거지의 이름이 나사로입니다. 주님은 많은 비유를 들려주셨지만, 그 어떤 비유에도 사람 이름이 나오지 않습니다. 선한 사마리아인도 어리석은 부자도 이름이 없습니다. 잃어버린 아들 이야기에도 무익한 종 이야기에도, 그 어디에도 이름을 가진 사람이 없습니다. 예수께서는 유일하게 '부자와 거지 나사로' 비유(눅16:19-31)에서 거지에게 이름을 주십니다. 하필 그 이름이 나사로이고 하필 그는 거지입니다.

또 다른 나사로

우리는 베다니 나사로의 이름을 그가 아프다는 소식과 함께 처음 접하게 됩니다. 그는 베다니에 살고 있다는 것, 그리고 마리아와 마르다의 오라비라는 것, 그것 외에 그에 대한 정보는 없습니다. 그가 어떤 삶을 살아왔는지 어떤 성향의 사람인지 알 수 없습니다. 성경은 다만 주께서 그를 사랑하신다는 것만 알려줄 뿐입니다. 우리는 그가 뭐하는 사람인지 어쩌다가 병이 들게 된 것인지는 알 수 없습니다. 주님의 비유 속 거지 나사로도 그렇습니다. 그의 이전 삶이 어떠했는지 어쩌다가 거지가 되었는지 어쩌다가 몸이 그렇게 상하게 되었는지 전혀 알 수 없습니다. 다만 지금 그는 다른 사람들의 도움이 아니면 살 수 없다는 것, 개들마저도 그의 헌데를 핥는 비참한 신세라는 것 외에는 알 수 있는 것이 없습니다.

누가복음 16:19-21
어떤 부자가 있었는데, 그는 자색 옷과 고운 베옷을 입고, 날마다 즐겁고 호화롭게 살았다. 그런데 그 집 대문 앞에는 나사로라 하는 거지 하나가 헌데 투성이 몸으로 누워서, 그 부자의 상에서 떨어지는 부스러기로 배를 채우려고 하였다. 개들까지도 와서, 그의 헌데를 핥았다.

비유에 등장하는 부자는 자색 옷과 고운 베옷을 입고 날마다 즐거이 호화롭게 삽니다. 그는 비록 이름 없이 등장하지만 이름만 없다 뿐 다 가진 것 같습니다. 가진 것이라고는 이름 밖에 없는 거지 나사로와는 비교도 안 되는 삶입니다. 다 가졌으나 하나님과 무관한 삶을 사는 부자와 가진 것이라고는 '하나님이 도우신다'는 이름밖에 없는 거지 나사로입니다. 이 두 사람의 이 땅에서의 삶은 대문 하나를 사이에 두고 극명하게 대조를 이룹니다.

예수님은 왜 비유 속 거지에게 나사로라는 이름을 주셨을까요? 보통 예를 들어 말할 때 아는 이의 이름을 붙이는 일은 조심스럽기 마련입니다. 그 내용이 안 좋은 경우라면 더더욱 그렇습니다. 그런데 우리 주님은 부자와 거지 비유를 드시면서 거지에게 굳이 나사로라는 이름을 붙여주십니다. 베다니에 사는 주님이 사랑하는 그 사람과 같은 이름을 붙여주신 것입니다. 왜 그러셨을까요? 많고 많은 이름 중에 왜 하필 나사로였을까요?

비유 속 '거지 나사로'도 현실의 '베다니 나사로'도 자기 스스로는 자신의 삶을 이어갈 수 없는 상태에 놓여있습니다. 그 이전의 삶이 어떠했는지 알 수 없지만 성경에 등장할 때 두 나사로는 모두 그런 상태입니다. 거지 나사로는 온몸이 헌데 투성이로 누워 지내며 구걸로 겨우겨우 연명합니다. 베다니 나사로는 그 누구도 도와줄 수 없을 정도로 병이 깊은 상태입니다. 거지 나사로도 죽어가고 베다니 나사로도 죽어가지만, 그 두 사람의 이름은 여전히 나사로, '하나님이 도우신다'입니다.

죽어가는 사람, 죽음에 관한 한 아무것도 할 수 없는 나사로들. 이 두 나사로는 우리 인류의 영적 실존을 그대로 드러냅니다. 선악과를 먹은 이후 우리 영혼은 늘 죽음과 씨름하느라고 헌데 투성이가 되었습니다. 죽음이 가져온 두려움과 불안으로 움직이면 움직일수록 헌데를 핥는 개를 부르는 존재가 되었습니다. 자기 힘으로 살아보려고 애쓰지만 시간이 흐르면 흐를수록 냄새 나는 존재가 되었습니다. '하나님이 도우신다'는 그 놀라운 이름, 하나님의 형상대로 지음받았다는 그 놀라운 존재의 뿌리, 그 비범성을 상실한 채 죽어가고 있습니다.

주님의 비유 속 거지 나사로도, 현실의 베다니의 나사로도 아무 말이 없습니다. 둘 다 이야기 중심에 있는데, 거의 주연급인데도 성경은 그들의 언어를 기록하지 않습니다. 그들은 자신의 상태로 말합니다. 이 두 나사로는 그 상태가 그들의 언어인 셈입니다. '나사로' 하나님이 도우신다, 이 두 사람의 이름과 그들의 상태는 충돌하는 것처럼 보이지만 그들의 상태와 그들의 이름이 우리에게 말해주는 것이 있습니다.

나사로에게는 하나님의 도우심과 병듦(죽음)이 함께 합니다. 이 땅에서 하나님의 도우심으로 살아가지만 결국 병들고 죽습니다. 바꿔 말하면, 병들고 죽을 존재지만 그 여정 가운데에도 하나님의 도움으로 사는 존재가 바로 우리들입니다. 하나님이 도우시면 병들지도 않고 죽지도 않을 거라 생각한다면 이는 오산입니다. 아담 이래 모든 인류는 병들고 죽었습니다. 병이 들고 죽어가지만 하나님은 그 안에서도 우리를 도우시고, 하나님이 도우셔도 결국 병들고 죽게 되는 것이 우리 인류의 실존입니다. 비유 속 거지 나사로도, 베다니의 나사로도 우리 인류의 모습을 담아냅니다.

이틀을 더 유하시다 - 시간을 지체하시는 예수

주께서 사랑하시는 나사로가 위독하다는데 주님의 반응은 무덤덤해 보입니다. 당장 달려가실 줄 알았는데 유하시던 곳에서 이틀을 더 유하십니다. 나사로와 그 가족이 보면 서운할 것 같습니다.

요한복음 11:4
예수께서 들으시고 말씀하셨다. "이 병은, 죽을 병이 아니라 오히려 하나님의 영광을 드러낼 병이다. 이것으로 말미암아 하나님의 아들이 영광을 받게 될 것이다."

예수님은 나사로의 병은 죽을 병이 아니라 오히려 하나님의 영광을 드러낼 병이라고 하십니다. '이 병은 죽을 병이 아니다'라는 부분을 좀 더 원어에 가깝게 그 느낌을 살려 번역한다면 '이 병은 죽음으로 끝날 병이 아니다'입니다(This sickness will not end in death. NIV). 예수는 나사로의 병은 죽음으로 끝날 병이 아니라 하나님의 영광을 드러낼 병이라고, 이로 말미암아 하나님의 아들이 영광 받게 될 거라고 하십니다. 도대체 무슨 말씀을 하시는 것인지 알 수가 없습니다. 하지만 뭔가 계획이 있으신 것만은 확실해 보입니다. 주님은 그렇게 지금 계신 곳에서 이틀을 더 유하십니다. 지금 주님이 계신 곳은 요단강 건너편으로(요10:40) 요한이 처음 세례를 베풀던 곳입니다(요1:28).

요한복음 10:40
예수께서 다시 요단 강 건너 쪽, 요한이 처음에 세례를 주던 곳으로 가서, 거기에 머무르셨다.

요한복음 1:28
이것은 요한이 세례를 주던 요단 강 건너편 베다니에서 일어난 일이다.

성경에는 '베다니'라는 지명이 두 군데 나옵니다. 한 군데는 요단강 건너편 베다니로 예루살렘과 많이 떨어져 있는 곳이고, 다른 한 군데는 예루살렘과 가까운 곳으로 감람산 동편에 있는 베다니입니다(요11:18).

요한복음 11:18
베다니는 예루살렘에서 오 리가 조금 넘는 가까운 곳인데

지금 주님이 계신 요단강 건너편 베다니는 나사로가 살고 있는 감람산 동편 베다니와는 약 30km 정도 떨어진 곳입니다. 걸어서 하룻길 정도입니다.

예수는 나사로가 아프다는 소식을 들으셨건만 아직은 나사로에게 가실 마음이 없으십니다. 계시던 그곳에서 이틀을 더 보내신 후에야 나사로의 집으로 향하십니다. 주께서 나사로의 집에 도착했을 때는 이미 나사로가 죽은 지 나흘이 되었습니다. 되짚어 보면 주께서 나사로가 병 들었다는 소식을 전해 들은 그날 나사로는 죽었습니다. 마르다-마리아 자매가

주님께 사람을 보낸 그날, 소식을 전하는 사람이 출발할 때만 해도 위중하기는 했어도 살아있었는데 그가 하룻길을 걸어 주께 도착하는 동안 나사로가 죽은 것으로 보입니다. 그렇게 하루, 그리고 주님이 지체하신 이틀, 그리고 주께서 베다니로 걸어가시는데 걸린 하루, 그렇게 나사로가 죽은 지 이미 나흘이 지났습니다.

죽은 지 나흘이라면 그 주검은 이미 삶을 떠난 것이 분명한 주검임을 의심할 수 없는 시간입니다. 죽음이 기정사실이 되기에 충분한 시간입니다. 우리가 삼일장을 치르는 이유가 혹시 죽은 것이 아닐 수 있기에 (다시 깨어날 수도 있기에) 사흘을 기다려 보기 위한 것이라는 말을 들었습니다. 죽은 지 나흘, 이제는 어느 누구도 살아날 것에 대한 소망을 가질 수 없는 시간입니다. 죽음이 그 한 사람을 완전히 정복한 시간입니다. 예수께서 시간을 지체하신 이유는 바로 그 시간이 되기를 기다리신 겁니다. 그렇습니다. 예수는 나사로가 삶의 경계를 넘어 완전히 죽음의 세계로 들어가기를 기다리셨습니다.

하나님께는 언제나 큰 그림(Big picture)이 있습니다. 하나님은 언제나 조감도(鳥瞰圖, Bird's-eye view)와 청사진(靑寫眞, The Blueprint)을 모두 다 갖고 계십니다. 세상을 창조하실 때도 그러셨습니다. 창세기 1장에 반복적으로 나오는 말 중에 '그대로 되니라'가 있습니다(창 1:7, 1:9, 1:15, 1:24, 1:30). '그대로 되니라', 무슨 의미입니까? 하나님이 생각한 대로, 하나님이 디자인하신 대로 되었다는 말입니다. 하나님은 처음부터 큰 그림이 있는 분이십니다. 우리는 창조주의 큰 그림을 보기에 너무도 작고 미미한 존재입니다. 시야도 생각도 품도 너무 작습니다. 하나님의 디자인, 하나님의 계획을 우리는 다 알 수 없습니다. 피조물인 우리가 창조주의 계획을 다 안다면 그분은 아마 신(神)이 아닐 것입니다. 우리가 다 이해할 수 있는 분이라면 그분은 신(神)이 아님에 분명합니다.

　나사로를 살리시는 일의 전반적인 상황도 그러합니다. 이해할 수 없는 예수님의 말과 행동이 그러합니다. 나사로가 아픈 것을 아시면서도 이틀을 더 유하시다니…. 우리로서는 이해가 안 됩니다. 주께서 베다니 나사로의 집에 도착했을 때는 나사로가 죽은 지 나흘이 되었습니다. 지체하신 그 이틀 때문에 다 끝나버린 것 같습니다. 하나님은 우리에게도 이런 이틀, 이런 나흘을 주십니다. 지금 뭔가를 해주시면 좋겠는데, 분명 해주실 수 있는 분인데 아무것도 안 해주시는 것 같습니다. 지금 상황이 시름시름 시들어가고 있는데 지금 내가 쇠락해 가고 있는데, 어여 오셔서 살려주시면 좋을텐데, 나의 하나님이 아무것도 안 해주십니다. 지체하시는 하나님, 꾸물거리시는 하나님, 그 사이에 상황이 종료됩니다. 우리에게는 상황 종료처럼 보이지만 하나님은 이제 일을 시작하십니다. 이제 하나님이 일하시기 가장 좋은 상태가 된 것입니다.

혼돈과 공허, 깊은 흑암의 시간

태초에 하나님이 천지를 창조하실 때, 천지 창조의 배경은 혼돈과 공허와 깊은 흑암이었습니다.

> **창세기 1:1-2**
> 태초에 하나님이 천지를 창조하셨다. 땅이 혼돈하고 공허하며, 어둠이 깊음 위에 있고, 하나님의 영은 물 위에 움직이고 계셨다.

땅은 혼돈하고 공허한 상태입니다. 어둠은 깊을 대로 깊습니다. 하나님은 바로 그 배경 위에서 만물을 창조하십니다. 하나님이 우리를 재창조하실 때도 그러하십니다. 상황이 혼란스러워 어찌할 수 없을 때, 공허함에 치어 도대체 어디서부터 시작해야 할지 모를 때, 앞이 깜깜해서 아무것도 보이지 않을 때, 그때가 바로 하나님이 일하시기 좋은 때입니다.

하나님은 지금도 우리가 완전히 죽을 때까지 기다리십니다. 더 이상 내 힘으로 뭔가 할 수 없을 때까지 더 이상 기대할 것이 없을 때까지 기다리십니다. 그렇다면 왜, 하나님은 그렇게까지 하시는 것일까요? 그래야 알게 되기 때문입니다. 이제부터 일어나는 모든 일들이 하나님이 하신 일임을, 내가 한 일이 아님을 그제서야 알게 되기 때문입니다.

이 세상의 모든 나사로들은 죽습니다. 주께서 사랑하는 자도, 하나님이 도우시는 자도 모두 예외 없이 죽음 아래 있습니다. 죽음 앞에서는 모두 무력하다는 것, 그것을 알면 이제 비로소 하나님이 궁금해집니다. 예수를 통해 하나님이 하신 일이 진심으로 알고 싶어집니다. 예수께서 이미 죽은 나사로의 집에 오신 이유는 조문하러 오신 것이 아닙니다. 위로하러 오신 것도 아닙니다. 예수 그리스도, 그분이 누구신지 친히 드러내기 위해 오신 것입니다. 예수 자신이 바로 부활이요, 생명임을, 죽음을 이기시는 분이심을 드러내시기 위해 오신 것입니다. 이제 예수께서 나사로의 무덤 앞에서 하신 일을 하나하나 살펴보며 그분의 참 하나님됨을, 그분의 참 사람됨을 만나보도록 하겠습니다.

3. 우셨다, 그 예수가

주께서 베다니 나사로의 집에 도착하셨을 때, 그 집에는 이미 죽음이 흩뿌려놓은 슬픔과 고통으로 가득 차 있습니다. 주님이 들르실 때마다 웃음과 즐거움으로 가득했던 집이었건만 지금은 죽음이 쏟아낸 잿빛 슬픔과 아픔으로 가득합니다.

주님이 오신다는 소식에 마르다가 주님을 맞이하러 나갑니다. 마르다는 주님을 뵙자 마자 말합니다. "주님이 여기에 계셨더라면 내 오라비가 죽지 아니하였을 것입니다." 이어 마리아도 똑같은 말을 합니다. "주님이 여기에 계셨더라면, 내 오라버니가 죽지 아니하였을 것입니다."

요한복음 11:21
마르다가 예수께 말하였다. "주님, 주님이 여기에 계셨더라면, 내 오라버니가 죽지 아니하였을 것입니다."

요한복음 11:32
마리아는 예수께서 계신 곳으로 와서, 예수님을 뵙고, 그 발아래에 엎드려서 말하였다. "주님, 주님이 여기에 계셨더라면, 내 오라버니가 죽지 않았을 것입니다."

주님이 여기 계셨더라면

'주님이 여기 계셨더라면.' 왜 아니겠습니까? 수많은 병자들을 치유하신 주님이시니 나사로를 낫게 하시는 것은 일도 아니실 테니까요. 주님이 여기 계셨더라면 얼마나 좋았을까, 시간을 되돌릴 수도 없고. 마르다와 마리아는 그저 안타까울 뿐입니다. 주의 부재에 대한 아쉬움이 탄식처럼 나옵니다-'주님이 여기 계셨더라면.' 그들의 탄식과 달리 우리 주님은 일부러 늦게 오신 겁니다. 앞서 요단 건너편 베다니에서 제자들에게 '내가 거기 있지 않은 것이 너희를 위해 도리어 잘된 일'이라고 말씀하신 바 있습니다.

요한복음 11:15
내가 거기에 있지 않은 것이 너희를 위해서 도리어 잘 된 일이므로, 기쁘게 생각한다. 이 일로 말미암아 너희가 믿게 될 것이다. 그에게로 가자

나사로가 죽은 지 나흘이나 지난 후에 나타나신 예수 그리스도. 매우 역설적이지만 믿음을 주시기 위해 나흘 후에 오신 것입니다. 주님은 의도적으로 그리하시지만 우리 쪽에서는 그저 속상할 따름입니다. 하나님께는 몰라서 그랬다, 다른 일 하느라 그랬다, 하는 일은 없습니다. 하나님은 모든 것을 다 아시는 전능자이시고, 졸지도 주무시지도 않는 분이십니다.

시편 121:3-4
주님께서는, 네가 헛발을 디디지 않게 지켜 주신다. 너를 지키시느라 졸지도 않으신다. 이스라엘을 지키시는 분은, 졸지도 않으시고, 주무시지도 않으신다.

다 아시면서도 다 하실 수 있으면서도 그리 하십니다. 우리는 하나님이 모르실까 봐, 혹시 나의 일을 잊으셨을까 봐 전전긍긍하지만 그런 일은 없습니다. 이미 다 알고 계십니다. 우리 나름대로 주께 내 사정을 알렸

는데도 꿈쩍 안 하신다면 다 이유가 있으신 겁니다.

　그 하나님을 우리는 기도하면서 알아갑니다. 하나님은 때때로 지체하신다는 것을, 때때로 꿈쩍도 안하신다는 것을, 때때로 우리를 애달프게 하신다는 사실을 말입니다. 기도하지 않은 사람은 '기도 안했으니까' 하면서 하나님에 대해 그냥 쉬 물러서지만, 기도한 사람은 쉬 물러서지지가 않습니다. '기도했기에' 하나님께 서운합니다. 그렇습니다. 기도한 사람만이 만나게 되는 실족의 시간이 있습니다.

　마르다와 마리아는 예수님을 믿고 따르지만 그분이 누구신지 아직 모릅니다. 신약을 갖고 있는 우리는 예수가 누구신지 압니다. 그분은 죽음을 이기신 분이라는 것을 압니다. 예수의 부활 승천 이후를 살고 있는 우리는 마르다와 마리아처럼 '주님이 여기 계셨더라면' 하면서 아쉬워하지 않습니다, 라고 말하고 싶지만 실은 우리도 여전히 그러합니다. 아니, 우리의 탄식에는 오히려 더 많은 원망이 들어 있을 때가 많습니다. 죽음을 이기신 분이면서 왜 그를 죽게 내버려 두셨냐고, 우리가 아플 때 도대체 무엇을 하셨냐고, 정말 계시기는 한 거냐고, 그렇게 더 세게 주께 항변합니다. 마리아와 마르다는 '주께서 여기 계셨더라면' 정도로 그쳤지만, 우리는 하나님을 향해 훨씬 더 험악한 말을 쏟아놓곤 합니다.

　우리는 시간을 돌이킬 수 없다는 것을 알면서도 이랬더라면 저랬더라면 아쉬워하고 속상해합니다. 이런저런 아쉬움에 계속 하나님을 끌어들입니다—하나님은 왜 그때 나를 그러도록 내버려두셨나요? 하나님은 왜 아무런 조치도 취하지 않으셨나요? 하나님은 도대체 뭐하고 계시는 건가요? 하나님을 향해 거칠게 항변하는 우리의 모습을 나쁘게만 생각할 일은 아닙니다. 비록 원망하기 위해 하나님을 찾는다 해도 그 원망도 실은 하나님께서 모든 일에 관여하실 수 있는 분임을 인정하는 마음에서 나온 것이기 때문입니다.

　속상한 마음으로 하나님을 만나면서 우리는 알게 됩니다. 하나님은 우리가 오라 하면 오고 가라 하면 가는 분이 아님을, 하나님은 내 맘대로 부릴 수 있는 분이 아님을 만납니다. 그렇게 하나님의 하나님 되심을 만나면서 하나님 앞에서 사람이 얼마나 잗다란 존재인지를 알게 됩니다. 생각이 거기까지 미치면 하나님의 선하심, 하나님의 옳으심에 대한 생각이 새롭게 정돈됩니다. 이렇게나 작은 존재인 우리를 그렇게나 귀히 여기신다는 사실에 놀라움을 금치 못하게 됩니다.

그리스도인에게는 힘든 일은 있지만 나쁜 일은 없습니다. 그 일을 통해 하나님을 만나기만 하면 말입니다. 하는 일이 잘 안돼서 속상하지만 그 일로 하나님을 만난다면 그것은 결국 좋은 일이 됩니다. 내 아이가 좀 고생스러워도 그 일로 하나님과 가까워진다면 그 고생은 참 좋은 고생입니다. 나의 배우자가 힘든 일을 겪는다 해도 그 시간을 통해 예수를 깊이 만난다면 그 시간은 매우 값진 시간이 됩니다. 언제나 좀 더 가봐야 압니다. 좋은 일이라고 생각했는데 그 일로 하나님과 멀어지게 된다면 그것은 결코 좋은 일이 아닙니다. 안 좋은 일이라고 생각했는데 그 일로 하나님을 좀 더 사랑하게 된다면 그것처럼 좋은 일은 없습니다. 그렇습니다. 그리스도인은 좋은 일인가 안 좋은 일인가에 대한 기준이 다른 사람들입니다.

예수의 비통함, 예수의 괴로움

요한복음 11:33
예수께서는 마리아가 우는 것과, 함께 따라온 유대 사람들이 우는 것을 보시고, 마음이 비통하여 괴로워하셨다.

예수께서 우는 마리아를 보십니다. 마리아 곁에서 함께 우는 사람들을 보십니다. 그들의 우는 모습을 보시고는 마음에 비통함을 느끼십니다. 오라비의 죽음 앞에서 우는 마리아, 그리고 마르다와 마리아 자매를 위로하며 함께 우는 사람들, 그들을 보시고 예수께서 비통함을 느끼십니다. 괴로워하십니다. 우리말 비통함으로 번역된 헬라어 엠브리마오마이(ἐμβριμάομαι)는 '분개하다'로도 번역되는 단어로 숨을 거칠게 쉬는 모습을 표현하는 말입니다. 우리말 '괴로워하셨다'로 번역된 헬라어 타랏소(ταράσσω)는 '흔들리다, (치를) 떨다'로도 번역되는 단어입니다(NIV는 이 부분을 He was deeply moved in spirit and troubled.로 번역합니다). 예수는 나사로의 죽음 앞에서 우는 이들을 보고 숨을 거칠게 쉬시며 분개하셨고 마음에 깊은 떨림이 있으셨습니다.

우리 주 예수 그리스도께서는 왜 나사로의 무덤 앞에서 우는 이들을 보고 이런 비통함(분개)과 깊은 괴로움(떨림)을 느끼신 걸까요?

그동안 주를 찾아온 사람들은 하나같이 문제 해결을 위해 찾아온 사람들입니다. 문제를 해결 받으려고 주를 따랐던 사람들입니다. 나사로와 마르다, 마리아 남매는 그들과는 달랐습니다. 그들은 예수를 마냥 좋아했습니다. 사람에게 자기 몸을 의탁하지 않은 예수였지만(요2:24), 그 남매들과는 남다르게 지내셨습니다. 그런 그들이 죽음에게 속수무책으로 당했습니다. 나사로의 무덤 앞에서 눈물을 흘리는 마르다와 마리아, 그리고 그들을 위로하며 우는 사람들. 예수는 그들을 보며 인류가 처한 가장 깊은 문제인 죽음을 더욱 선명히 보십니다. 예수는 죽음이 지나간 자리에서 사랑하는 이들이 우는 것을 보시며 '죽음'을 향해 분개하신 겁니다.

예수는 이제 그 비통한 마음 그대로 자신이 할 일을 하십니다. 마리아의 안내로 나사로의 무덤 앞으로 가십니다. 무덤 앞에 도착한 예수는 놀랍게도 이번에는 눈물을 흘리십니다.

우셨다, 그 예수가

요한복음 11:34-35
예수께서 그들에게 물으셨다. "그를 어디에 두었느냐?" 그들이 대답하였다. "주님, 와 보십시오." 예수께서는 눈물을 흘리셨다.

예수께서 나사로의 무덤 앞에서 우십니다. 예수께서 '눈물을 흘리셨다'로 번역된 헬라어는 다크뤼오(δακρύω)는 조용히 우는 것을 말합니다. 조용히 우시는 하나님의 아들. 상상이 되십니까? 지금 무덤 주변의 다른 사람들은 소리 내어 울고 있습니다(헬라어 클라리오 κλαίω). 예수만이 홀로 조용히 울고 있습니다.

하나님의 아들 예수는 왜 눈물을 흘리시는 것일까요?

어떤 이들은 여기에 무슨 해석이 필요하냐고 나사로를 사랑하셔서 운 것이라고 말하기도 합니다. 물론 그렇게 볼 수도 있겠지만 예수는 조금 후면 나사로를 다시 살리실 것입니다. 곧 나사로를 살리실 분이 나사로가 죽어서 우신다? 그렇게 보기에는 개연성이 너무도 낮습니다.

예수의 눈물은 한 사람 나사로의 죽음, 그 한 사건 때문에 흘리는 눈물이 아닙니다. 예수의 눈물은 참 사람(人子, 사람의 아들)으로서 흘리는 눈물인 동시에 참 신(神, 하나님의 아들)으로서 죽음 아래 있는 모든 인류를 아파하며 흘리는 눈물입니다. 정교회 사제인 알렉산더 슈메만(Alexander Schmemann)은 나사로의 무덤 앞에서 흘리신 주의 눈물에 대해 '우주의 무덤'[4]이라는 표현을 씁니다. 죽음이라는 원수를 힘없이 받아들일 수밖에 없었던 인류의 운명을 예수가 비로소 종식시켰음을 그렇게 표현한 것입니다. 그는 또한 예수의 그 눈물은 예수 자신이 죽음과 투쟁하고 있다는 것, 죽음을 인정하지도 죽음과 타협하지도 않으신다는 것을 만천하에 드러내신 것이라고 말합니다.[5]

---

[4] 알렉산더 슈메만, 『죽음아, 너의 독침이 어디에 있느냐―죽음과 부활에 관하여』, 황윤하 옮김. (서울: 비아, 2022), 9.

[5] 같은 책, 34.

그렇습니다. 나사로 무덤 앞에서 흘리신 예수의 눈물은 죽음이라는 운명 앞에 속수무책으로 당할 수밖에 없는 인간의 실존에 대한 애도와 죽음이라는 원수를 향한 예수의 비통함이 가장 예수적 형태로 드러난 것입니다.

예수의 이 눈물은 오래전부터 시작된 창조주의 눈물입니다. 인류는 죄로 인해 죽음에 던져지게 되었습니다. 죄에 휘둘리고 죄와 함께하는 인류의 실존은 언제나 하나님의 마음을 아프게 했습니다. 성경은 하나님께서 노아 시대 때에도 사람들을 보시고 많이 아파하셨다고 증언합니다. 죄와 함께 사는 것이 아무렇지 않을 정도로 깊이 병든 인류, 하나님의 아들이 십자가에 죽어야만 해결될 인류의 상태에 대해 하나님은 내내 깊이 아파하셨습니다.

창세기 6:5-6
주님께서는, 사람의 죄악이 세상에 가득 차고, 마음에 생각하는 모든 계획이 언제나 악한 것뿐임을 보시고서, 땅 위에 사람 지으셨음을 후회하시며 마음 아파 하셨다.

NIV는 창6:6을 이렇게 번역합니다. The LORD was grieved that

he had made man on the earth, and his heart was filled with pain.

악한 인류의 모습에 고통 받으시는 하나님의 모습을 '하나님의 마음(심장)이 고통으로 가득했다'고 성경이 우리에게 말해줍니다(NIV). 창6:6이 성부하나님의 고통을 압축한 구절이라면, 요11:35은 성육하신 성자하나님의 고통을 그대로 드러내는 구절입니다. 예수는 모든 인류가 죽음 아래 있는 것이 너무도 마음 아팠습니다. 평생 죽음을 두려워하며 살다가 결국 죽음으로 들어가는 인류의 상태를 아파하신 것입니다.

히브리서 2:15
또 죽기를 무서워하므로 한평생 매여 종노릇 하는 모든 자들을 놓아 주려 하심이니 (개역개정)

인류는 에덴에서 나온 이후 죽기를 무서워하며 평생 죽음의 공포로 살아갑니다. 죽음이 거느리고 들어온 죽음의 증상들-시기, 질투, 증오, 음란, 게으름, 교만, 냉소……-에 휘둘리며 살아왔습니다. 죄와 더불어 살았습니다. 죄가 피부에 들러붙어서 죄가 자신인지 자신이 죄인지 분간이 안 될 정도로 그렇게 살아왔습니다. 하나님께 저항하고 하나님을 대적하고 하나님 없이 하나님처럼 되고 싶어서 하나님의 자리에 가서 하나님 노릇 하며 살아왔습니다.

죄와 함께 지내고 나면 죄를 이용한 삯을 치러야 합니다. 배를 이용하면 뱃삯을 요구받듯이 죄를 이용한 후에는 죄가 그 삯을 요구합니다. 그렇습니다. 죄는 우리와 함께 우리 안에서 함께 지낸 후에 당당히 자기를 사용한 삯을 요구하는데 그 삯은 다름 아닌 죽음입니다.

> **로마서 6:23**
> 죄의 삯은 죽음이요, 하나님의 선물은 우리 주 예수 그리스도 안에서 누리는 영원한 생명입니다.

예수께서 나사로의 무덤 앞에서 흘리신 눈물은 우리 인류가 처한 상태에 대해 아파하신 신(神)의 눈물입니다. 그날 에덴에 침투한 그 '악'에 대한 분노에서 나온 눈물입니다. 더불어 사람의 아들(人子)로 이 땅을 살면서 사람의 아들들이 겪는 고통을 친히 경험한 사람 예수의 눈물이기도 합니다. 예수는 눈물을 흘리심으로 가장 인간적인 모습으로 가장 신적인 사랑을 그렇게 드러내십니다.

그날 베다니에서 우신 그 예수가 지금도 울고 계십니다. 신의 아들로서 사람의 아들로서 이 땅을 아파하시고 인류를 아파하시며 지금도 눈물을 흘리고 계십니다.

4. 돌을 옮겨 놓으라

나사로는 지금 무덤 안에 있습니다. 무덤 밖에는 예수가 서 있습니다. 돌을 가운데 두고 한쪽에는 죽음이, 다른 한쪽에는 생명이 있습니다. 죽음과 생명이 그렇게 돌을 가운데 두고 마주하고 있습니다. 죽음 앞에 선 예수께서 하신 첫 말씀은 '돌을 옮겨 놓으라'입니다.

요한복음 11:39
예수께서 "돌을 옮겨 놓아라"하시니, 죽은 사람의 누이 마르다가 말하였다. "주님, 죽은 지가 나흘이나 되어서, 벌써 냄새가 납니다."

'돌을 옮겨 놓으라'는 주님의 말씀에 마르다는 반문합니다-"아니, 갑자기 돌을 옮겨 놓으라니요, 주님. 죽은 지가 나흘이나 되어서 벌써 냄새가 납니다." 그렇습니다. 나사로는 이미 죽은 지 나흘이 되었습니다. 죽은 지 나흘이 되었으니 이미 부패가 시작되었을 테고, 그래서 시체 썩는 냄새가 날 거라는 것, 예수께서 모르실 리 없습니다. 반문하는 마르다에게 주님은 믿음을 요구하는 말씀을 하십니다.

> **요한복음 11:40**
> 예수께서 마르다에게 말씀하셨다. "네가 믿으면 하나님의 영광을 보게 되리라고, 내가 네게 말하지 않았느냐?"

나사로의 무덤 앞으로 오기 전에 주님은 마르다와 믿음과 부활에 대해 얘기를 나누셨습니다. 그것을 상기시키시자 마르다는 더 이상 아무 말 없이 돌을 옮깁니다.

믿는다는 것은 무작정 맹신하는 것을 말하지 않습니다. 믿는다는 말 안에는 생각하고 기억하고 추론하고 가정하고 성찰하고 잊어버리는 그 모든 사유체계가 들어 있습니다. 하나님은 우리에게 아무 말 말고 믿기만 하라고 하지 않으십니다. 하나님은 우리의 믿음을 돕기 위해 밤하늘의 별을 보라 하시기도 하고(창15:5) 토기장이의 집에 데리고 가시기도 하고(렘18:1-4) 노래를 지어 부르라고 하시기도 하고(신31:19) 기록하라고 하시기도(렘36:2) 하십니다. 신약에 오면 예수께서 우리에게 많은 비유로 말씀을 들려주셨습니다. 모두 우리의 믿음을 도와주시기 위해서입니다. 물론 우리의 믿음은 결국 단순함과 간결함이라는 체질을 갖게 될 것입니다. 하지만 그 지점에 도달하기까지는 수많은 사유, 감정, 느낌, 경험 등을 통과하게 됩니다. 어떤 것은 기억해야 하고 또 어떤 것은 어서 잊어버려야 한다는 것도 알게 됩니다. 어떤 것은 나만 기억하는 것을 너머 대대로 기억하도록 전해야 한다는 것도 알게 됩니다. 실로 우리의 모든 삶은 믿음의 체계 안에 있습니다. 우리 일상에서 발생하는 약속, 계약, 기대, 불신, 오해, 이해, 착각, 갈등 등은 모두 믿음이라는 배경 위에서 이뤄진 개념입니다.

내가 치울 수 없는 내 앞의 돌

마르다는 예수님과 교제하며 예수님이 얼마나 믿을 만한 분인지를 이미 알고 있습니다. 그분이 괜히 하시는 말씀은 없다는 것을. 그분이 하시는 말씀은 모두 마르다 자신에게 좋은 것임을 믿어 의심치 않습니다. 그런 예수께서 지금 돌을 옮겨놓으라 하십니다. 시체 썩는 냄새가 날 텐데, 그걸 모르실 분도 아닐 텐데 돌을 옮겨놓으라 하십니다. 마르다는 마음 한쪽 의아한 마음이 가시지 않았지만 주의 말씀에 순종하기로 합니다. 사람들이 마르다를 도와줍니다. 함께 힘을 합쳐 돌을 옮깁니다. 지금 마르다와 함께 돌을 옮기는 사람들은 돌을 옮기면서도 딱히 예수께서 무엇을 하실 것이라는 기대는 없습니다. 그저 마르다 홀로 할 수 없는 일이니 도울 뿐입니다.

나사로 앞의 돌을 옮기는 일, 나사로가 할 수 있는 일이 아닙니다. 나사로가 아닌 다른 누군가가 해주어야 하는 일입니다. '돌을 옮겨놓으라' 명하신 그분을 신뢰하는 사람이 제일 먼저 움직입니다. 하라 하시니 하는, 순종의 사람이 그 일을 시작합니다. 그가 돌을 옮기려 하자 주변 사람들이 도와줍니다. 하라 하신 그분은 잘 모르지만 그분께 순종하는 그 사람을 신뢰하며 함께 합니다. 그날도 돌을 옮겨놓으라 명하신 그분은 잘 모르지만, 나사로의 가족을 사랑하는 사람들이 곁에서 그 일을 함께 합니다.

예수가 이미 우리 앞에 와 계신데 그분께 가는 길을 막고 있는 커다란 돌이 있습니다. 그 돌을 옮기기 전에는 예수의 음성을 선명히 들을 수 없습니다. 하나님은 그 돌부터 치우십니다. 그 돌은 나 자신이 치울 수 없습니다. 다른 사람이 치워주어야 합니다. 그 일을 하는 사람은 하나님이 뭔가 하시리라 기대하는 사람일 수도 있고 어쩌다 보니 돌을 옮기는 일을 함께 하게 된 사람일 수도 있습니다. 그가 누가 되었든 하나님은 사람들이 옮기는 방식으로 그 돌을 옮겨주십니다.

나사로 무덤 앞의 돌을 옮기는 일, 오늘날 교회가 함께 하는 일입니다. 교회 안의 마르다들이 그 일을 시작합니다. 마르다의 부탁으로 누군가 함께 합니다. 예수를 믿어서가 아니라 뭘 기대해서가 아니라 마르다가 수고하니 그냥 같이 합니다. 마르다 역시 대단한 믿음이 있어서가 아니라 마음 한쪽에 계속 물음표가 남아 있지만 그저 순종의 마음으로 합니다. 어찌 되었든 하나님은 사람들이 힘을 합쳐 나사로들 앞에 있는 돌을 치우게 하십니다.

나사로는 지금 자신의 상태를 모릅니다. 예수라는 생명이 자기 앞에 와 있는 것도 모릅니다. 예수가 자신의 죽음을 보고 우셨다는 것도 모릅니다. 그러고 보니 지금 무덤 안의 나사로도 무덤 밖의 사람들도 예수가 무슨 일을 할지 앞으로 어떤 일이 일어날지 아무도 모릅니다. 어떤 일이 일어날지는 돌이 옮겨진 뒤에 알게 될 일입니다.

우리 심령의 골짜기와 산

예수께서 우리에게 오실 때 그 길을 여는 사람이 있었습니다. 하나님은 이사야를 통해 주 오실 길을 닦는 자가 있다고, 광야에 한 소리가 먼저 나타난다고 말씀하십니다.

이사야 40:3-8
한 소리가 외친다. "광야에 주님께서 오실 길을 닦아라. 사막에 우리의 하나님께서 오실 큰길을 곧게 내어라. 모든 계곡은 메우고, 산과 언덕은 깎아 내리고, 거친 길은 평탄하게 하고, 험한 곳은 평지로 만들어라. 주님의 영광이 나타날 것이니, 모든 사람이 그것을 함께 볼 것이다. 이것은 주님께서 친히 약속하신 것이다."
한 소리가 외친다. "너는 외쳐라." 그래서 내가 "무엇이라고 외쳐야 합니까?"

하고 물었다. "모든 육체는 풀이요, 그의 모든 아름다움은 들의 꽃과 같을 뿐이다. 주님께서 그 위에 입김을 부시면, 풀은 마르고 꽃은 시든다. 그렇다. 이 백성은 풀에 지나지 않는다. 풀은 마르고 꽃은 시드나, 우리 하나님의 말씀은 영원히 서 있다."

한 소리가 외칩니다-"주 오실 길을 닦아라 사막에 우리 하나님께서 오실 큰길을 곧게 내어라."

광야에 주 오실 길을 닦으라고 합니다. 사막에 큰길을 곧게 내라고 합니다. 도시를 정비하고 성문을 열라고 하지 않습니다. 광야와 사막에 길을 내라 하십니다. 왜 광야와 사막일까요? 광야와 사막은 다름 아닌 예수를 만나기 전 우리 심령의 상태입니다.

소리는 말합니다-"모든 계곡을 메우고 산과 언덕은 깎아 내리고 거친 길을 평탄하게 하고 험한 곳은 평지로 만들어라."

계곡, 산과 언덕, 거친 길 역시 우리 심령의 상태입니다. 사람의 심령 안에는 누구나 깊은 골짜기와 높은 산이 있습니다. 상처와 열등감이 만든 깊고 험한 골짜기와 생래적 교만과 오만과 태만이 만든 높은 산이 있습니다. 다른 존재가 들어와 함께 하기에는 여간 험한 곳이 아닙니다. 누구라도 그곳에 들어왔다가는 길을 잃고 다치기 십상입니다. 살던 대로 살다가는 골짜기는 더 깊어지고 산은 더 높아집니다. 연약한 부분은 더 연약해지고, 강퍅한 부분은 더 강퍅해집니다.

　소리는 말합니다-계곡은 메우고 산과 언덕은 깎아 내고 거친 길과 험한 곳은 평탄화시키라고. 계곡을 메우고 산과 언덕을 깎는 일, 쉬운 일이 아닙니다. 산이 무너져야 골짜기가 메워집니다. 그 무너짐이라는 것이 여간 힘들고 고통스러운 일이 아닙니다. 뼛속까지 파고든 교만과 오만과 태만의 산들이 무너지는 일이 어찌 쉬운 일이겠습니까? 이미 내 집처럼 되어버린 상처와 열등감의 골짜기에서 빠져나오는 것이 어찌 쉬운 일이겠습니까? 하지만 내 앞에 와 계신 생명을 만나러 가는 길에 우리는 그 산이 무너지고 그 골짜기가 메워지는 시간을 지나야 합니다. 사람들과의 관계 속에서 크게 무너지고 솟아오르기를 반복하는 고통을 겪으며 내 심령이 조금씩 평지가 됩니다. 그러면 비로소 다른 존재가 들어올 만한 길이 만들어집니다. 언제 꺼질지 모르는 불안한 땅, 언제 솟아오를지 모르는 위험한 땅, 손댈 수도 그냥 둘 수도 없는 난감한 상태, 아담 안에 있는 인간의 상태입니다.

소리는 말합니다-"모든 육체는 풀이요, 그의 모든 아름다움은 들의 꽃과 같을 뿐이다. 주님께서 그 위에 입김을 부시면, 풀은 마르고 꽃은 시든다. 그렇다. 이 백성은 풀에 지나지 않는다. 풀은 마르고 꽃은 시드나, 우리 하나님의 말씀은 영원히 서 있다."

길이 좀 닦이고 나면 소리가 정말 하고자 하는 말을 들려줍니다. 그것은 다름 아닌 인간의 유한함과 하나님의 영원함에 대한 말씀입니다. 이를 동시에 들려줍니다. 사람은 참으로 아름다운 존재이지만 결국 늙고 병들고 죽는 유한한 존재라는 사실, 소리가 말해주는 그 사실을 빨리 만날수록 좋습니다. 자신의 유한성을 절감하고 자기 안에 있는 근원적 공허와 슬픔을 만나고 나면 비로소 무한한 지존자, 영원자를 찾기 시작하기 때문입니다. 그렇게 영원한 하나님의 말씀을 만나고 나면 우리의 그 유한한 인생이 얼마나 존귀한 것인지 새롭게 만나게 됩니다. 우리 육신을 대하는 자세, 주어진 한 생애에 대한 태도가 달라집니다. 하루하루가 얼마나 아름답고 귀한지를 새롭게 눈뜨게 됩니다.

인류 앞의 돌을 옮겨준 세례자 요한

　이사야가 전한 광야의 소리는 다름 아닌 세례자 요한임을 복음서는 선명하게 드러냅니다. 주님의 음성을 듣기 전에 우리는 세례자 요한을 먼저 만납니다. 그렇습니다. 죽음의 지배하에 있는 인류 앞에 놓인 돌, 그 돌을 옮겨주는 요한을 만납니다.

　인류 앞에 놓인 돌을 치워주는 세례자 요한은 언제나 '소리'로 옵니다. 놀랍게도 소리가 우리 심령의 돌을 옮깁니다. '회개하라'로 시작하여 '천국이 가까이 왔다'고 외친 그는 소리로 존재하다 사라집니다. 소리는 공중으로 흩어집니다. 공기의 파동을 타고 누군가의 귀에 도달하고 귀를 통해 그 심령 속으로 들어가는 것으로 사라집니다. 그 소리가 누군가에게 들어가서 자복이 되고 통회가 되고 그렇게 회개(돌이킴)가 됩니다. 세례자 요한은 인류 앞에 놓인 돌을 소리로 치우면서 주 오실 길을 닦았습니다. 그는 온전히 소리로 존재하다 사라졌습니다.

요한은 주님이 오실 길을 예비한 사람입니다. 이제 곧 모습을 드러내실 예수를 위해 인류 앞의 놓인 돌을 치운 사람입니다. 우리 각 사람에게도 이런 요한이 있습니다. 주님을 만나기 앞서 내 앞의 돌을 옮겨주는 사람들, 나의 세례요한들입니다. 그 고마운 요한들은 놀랍게 소리로 존재합니다.

말씀을 전하는 이는 소리일 뿐입니다. 소리로 살다가 사라져야 합니다. 오늘날 많은 교회가 몸살을 앓는 것은 소리가 그 역할을 다 하고나면 사라져야 하는데 사라지지 않으려 하기 때문입니다. 말씀의 사역자들이 소리로 끝나야 하는데 그림이 되고 사진이 되고, 어떤 형상으로 남으려 합니다. 이름을 새기려 합니다. 언제부터인가 교회도 목회자도 '소리'로 살지 않겠다고 아우성입니다. 사라지지 않는 소리는 결국 소음이 됩니다. 마땅히 옮겨야 하는 돌을 옮기고는 놀랍게도 자신이 새로운 돌이 되어 나사로들 앞을 가로 막습니다. 어떤 나사로들은 새로운 그 돌에 반해서 돌만 바라보고 있습니다. 참된 소리를 만난 사람은 소리를 사랑하되 떠나보낼 줄 압니다. 그리고 자신도 그 뒤를 따라 소리로 살게 됩니다. 누군가 내 돌을 치워준 것에 감사하며 누군가의 돌을 치우는 사람이 됩니다.

소리로 산다는 것

　복음서에 기록된 한 중풍병자의 이야기입니다. 많은 병이 그렇지만 중풍병은 특히나 사람을 몸에 가둡니다. 일단 중풍병에 걸리면 몸의 주인이 몸에 갇혀 아무것도 할 수 없습니다. 누워있는 침상이 자신의 세계 전부입니다. 그런 그의 친구들 중에 예수의 소문을 들은 이들이 있습니다. 어쩌면 예수를 만난 친구들인지도 모르겠습니다. 어느 날 예수가 마을에 왔다는 소식을 듣고 중풍병에 걸린 친구를 예수께로 데리고 가기로 합니다. 예수께서 계시는 집에 도착했지만 사람들이 너무 많아 예수께 가는 것이 아무래도 힘들 것 같습니다. 친구들은 기상천외한 방법을 생각해 냅니다. 예수가 계신 집 지붕을 뚫기로 합니다. 지붕을 뚫고는 친구인 중풍병자를 침상째 내립니다. 중풍병자는 그렇게 예수를 만납니다. 그의 인생에 예수가 들어옵니다.

마가복음 2:3-5
그 때에 한 중풍병 환자를 네 사람이 데리고 왔다. 무리 때문에 예수께로 데리고 갈 수 없어서, 예수가 계신 곳 위의 지붕을 걷어내고, 구멍을 뚫어서, 중풍병 환자가 누워 있는 자리를 달아 내렸다. 예수께서는 그들의 믿음을 보시고, 중풍병 환자에게 "이 사람아! 네 죄가 용서받았다" 하고 말씀하셨다.

중풍병에 갇힌 친구를 예수라는 생명 앞으로 데리고 온 네 명의 친구들. 예수의 음성을 들을 수 있도록 생명의 자리에까지 데리고 간 사람들입니다. 그들이 침상을 메고 지붕을 뚫는 행위가 바로 그 인생의 돌을 옮겨주는 행위입니다. 그들이 누구인지 어떤 관계인지 성경은 말해주지 않습니다. 그들은 그렇게 소리로 있다가 사라졌습니다.

주님을 대면하기 위해 옮겨야 하는 큰 돌, 사망의 그늘에 있던 내 앞의 돌은 한 번 옮기면 됩니다. 하지만 그 이후 이 땅을 살아가는 동안 우리가 예수 그리스도의 장성한 분량에 이르기까지(엡4:13) 계속 치워야 하는 돌을 만나게 됩니다. 걱정과 염려의 돌, 불신의 돌, 시기와 질투의 돌, 게으름의 돌들이 계속 발견됩니다. 그 돌들은 수시로 우리의 눈과 귀를 가립니다. 예수의 말씀을 듣는데 방해가 됩니다. 그 돌은 관계 속에서 발견되고 또한 관계를 통해 치워집니다. 걸리적거렸던 그것, 불편했던 그것,

무거웠던 그것을 치워야 한다는 것을, 그리고 치울 수 있다는 것을 교회 안에서 배워갑니다. 그렇습니다. 하나님은 우리로 교회 안에서 그 돌들을 발견하고 함께 치우도록 하셨습니다.

> **에베소서 4:13**
> 우리가 다 하나님의 아들을 믿는 것과 아는 일에 하나가 되어 온전한 사람을 이루어 그리스도의 장성한 분량이 충만한 데까지 이르리니 (개역개정)

물론 교회 밖에서도 우리는 그 일을 해 나가게 됩니다. 왕이신 주님이 오실 길을 예비하는 일에 대해 본회퍼(Dietrich Bonhoeffer)는 그의 책 『윤리학』에서 굶주린 자에게 빵을, 집 없는 자에게 거처를, 권리를 빼앗긴 자에게 권리를, 고독한 자에게 사귐을, 방종에 빠진 자에게 질서를, 노예에게 자유를 주는 일이 곧 은혜의 도래를 위한 길 예비라고 말합니다.[6] 배고픈 자에게 빵을 주었을 뿐인데 외로운 자에게 말벗이 되어주었을 뿐인데 그들의 마음 안의 돌이 치워집니다. 노숙자에게 거처를 제공하고 권리를 빼앗긴 자가 권리를 찾을 수 있도록 도왔을 뿐인데 그들 앞의 돌이 옮겨집니다. 그들이 예수를 아직 모른다 해도 최소한 교회의 문을 가로막았

---

[6] 디트리히 본회퍼, 『윤리학』 손규태, 이신건, 오성현 옮김. (서울: 대한기독교서회, 2010), 186-187.

던 돌이 옮겨집니다. 딱히 그러려고 시작한 것은 아닌데 교회로 살다 보니 어느새 돌을 옮기고 있던 겁니다.

자기 앞의 돌을 옮기는 일, 스스로 할 수 없는 일입니다. 돌을 치우라 하신 음성을 들은 마르다가 이름 없는 여러 사람들과 함께 그 일을 합니다. 돌을 옮길 때 사람들이 비웃을지도 모릅니다. 지금 도대체 뭐 하는 짓이냐고. 그래도 괜찮습니다. 우리는 그저 돌을 옮길 뿐 그다음은 하나님이 하십니다. 돌을 옮겨놓는 일, 알고 하는 일도 아닙니다. 그저 사랑했을 뿐인데 그저 말씀을 나눴을 뿐인데 어느새 그 사랑이 그 말씀이 돌을 옮깁니다.

성경에는 무덤 앞의 돌에 대한 이야기가 한 군데 더 나옵니다. 그 돌은 사람이 옮기지 않습니다. 하나님이 친히 옮기십니다. 하나님이 친히 치우시는 그 돌은 바로 예수 그리스도 무덤 앞의 돌입니다. 부활의 첫 새벽, 예수의 무덤 앞에 돌이 옮겨져 있었습니다.

> **마가복음 16:2-4**
> 그래서 이레의 첫날 새벽, 해가 막 돋은 때에, 무덤으로 갔다. 그들은 "누가 우리를 위하여 그 돌을 무덤 어귀에서 굴려내 주겠는가?" 하고 서로 말하였다.

> 그런데 눈을 들어서 보니, 그 돌덩이는 이미 굴려져 있었다. 그 돌은 엄청나게 컸다.

예수 그리스도, 사람의 아들이 되신 하나님의 아들. 그분의 무덤 앞의 돌을 하나님이 친히 옮기십니다. 성부 하나님께서 인자(人子, 사람의 아들)로 산 성자 하나님의 시간을 친히 갈무리하십니다. 우리도 이 땅의 삶을 마치고 죽음 속으로 들어가면 그다음은 하나님이 다 하십니다. 친히 돌을 옮기시고 우리를 생명의 자리로 데리고 가십니다. 이 땅에서 상상해본다 한들 상상할 수 없는 그 어떤 자리, 그 어떤 새로운 시작으로 데리고 가십니다. 그때까지 우리는 서로의 돌을 옮겨주는 일을 기꺼이 하며 살아가기를 바라봅니다.

5. 나사로야, 나오라

예수께서 나사로의 무덤 앞에서 이미 죽은 나사로를 향해 말씀하십니다-'나사로야, 나오라.' 예수께서 죽음 너머의 세계로 들어간 나사로에게 하신 말씀은 단 한마디입니다-'나사로야, 나오라.'

사람들이 무덤을 막고 있던 돌을 옮겨 놓았습니다. 주님과 죽은 나사로 사이에는 이제 막혀 있는 것이 없습니다. 그렇다고 그를 그렇게 부르실 줄은 몰랐습니다-'나사로야, 나오라.'

말씀으로 세상을 창조하신 하나님께서 이번에는 죽은 자를 향해 말씀하십니다-나사로야, 나오라. 죽은 나사로가 주의 말씀에 반응을 보입니다. 서서히 몸을 일으키고 한 걸음씩 한 걸음씩 걸음을 옮깁니다. 몸에 베를 동인 채 주의 음성이 들리는 곳을 향해 어기적어기적 불편한 걸음으로 걸어 나옵니다. 그렇습니다. 나사로가 다시 살아났습니다. 어느 누구도 상상해 본 적 없는 놀라운 일이 벌어졌습니다. 죽은 이가 살아나다니. 주검이 다시 숨을 쉬고 걷는다니.

말씀, 우리의 새로운 숨

예수는 나사로를 흔들어 깨우거나 숨을 불어 넣거나 하지 않으셨습니다. 오로지 말씀으로 그를 살리셨습니다. 주께서 회당장 야이로의 딸을 살리실 때는 아이의 손을 잡고 말씀하셨습니다-달리다굼(소녀야, 일어나라). 나인성 과부의 아들을 살리실 때는 관에 손을 대시고 말씀하셨습니다-젊은이야, 내가 네게 말한다. 일어나라.

마가복음 5:41-42
그리고 아이의 손을 잡으시고 말씀하셨다. "달리다굼!"(이는 번역하면 "소녀야, 내가 네게 말한다. 일어나거라" 하는 말이다.) 그러자 소녀는 곧 일어나서 걸어 다녔다. 소녀의 나이는 열두 살이었다. 사람들은 크게 놀랐다.

누가복음 7:14-15
그리고 앞으로 나아가서, 관에 손을 대시니, 메고 가는 사람들이 멈추어 섰다. 예수께서 말씀하셨다. "젊은이야, 내가 네게 말한다. 일어나라." 그러자 죽은 사람이 일어나 앉아서, 말을 하기 시작하였다. 예수께서 그를 그 어머니에게 돌려주셨다.

이번에는 가만히 서신 자리에서 오직 말씀 하나로 나사로를 살리십니다. 이미 주검이 된 존재에게 소리가 가닿을 수 있을까요? 과연 어떤 소리가 죽은 자를 깨울 수 있을까요? 온 인류가 동시에 한 목소리로 나사로야 나오라 소리지른다 한들, 대포에 미사일에 온갖 무기로 협박한다 한들 그가 미동이라도 할까요? 이미 주검이 된 사람은 다시 살아날 수 없습니다. 그는 이미 그 무엇에도 반응할 수 없는 주검입니다. 그런 그가 놀랍게도 예수의 말씀에 반응합니다.

지금 예수 그리스도는 자신이 바로 하나님이심을 드러내고 계십니다. 오로지 말씀으로 그를 깨우고 살려내십니다. 그렇습니다. 지금 나사로의 무덤 앞에 서 계신 분은 다름 아닌 첫 사람 아담에게 숨을 불어 넣은 창조주이십니다. 태초의 그날에는 없던 존재를 '있음'으로 부르셨고, 베다니에서의 그날에는 주검을 '다시 사람'으로 살려내셨습니다.

선악을 알게 하는 나무의 실과를 먹은 후, 모든 인류는 아담 안에서 죽었습니다. 인류는 이미 죽은 상태입니다. 목숨을 부지하고는 있지만 그 모습은 마치 꽃병에 꽂혀 있는 꽃과 같습니다. 살았지만 죽은 상태, 얼마간은 살아있는 것 같지만 실은 죽은 꽃, 죽음 아래 들어간 꽃입니다. 뿌리에서 떨어져 나온 순간 이미 죽었으나 아직 죽지 않은, 그러나 결국 죽게 될 꽃입니다. 시간의 흐름과 함께 죽음을 향해 달려가고 있습니다. 뿌리에서 떨어져 나온 꽃, 꽃병에 꽂힌 꽃, 아담 안에 있는 모든 인류의 상태입니다.

시편 144:4
사람은 한낱 숨결과 같고, 그의 일생은 사라지는 그림자와 같습니다.

예수께는 무덤 안의 나사로나 무덤 밖의 사람들이나 똑같습니다. 모두 다 예수의 음성으로 새 생명을 얻어야 하는 사람들입니다. 나사로가 주의 음성을 듣고 나오는 이 사건은 하나님의 구원이 어떻게 이뤄지는 지를 보여줍니다.

요한복음 10:27
내 양들은 내 목소리를 알아듣는다. 나는 내 양들을 알고, 내 양들은 나를 따른다.

생명의 주관자인 하나님의 음성을 아는 자는 말씀 앞에서 움직입니다. 성경은 하나님과 우리의 관계를 여러 은유로 들려줍니다. 특별히 양(羊)과 목자(牧者)의 은유는 매우 놀랍습니다. 양이라는 동물은 자신을 보호할 만한 그 어떤 능력도 갖고 있지 않습니다. 날개가 있는 것도 아니고 빠른 발이나 날카로운 발톱이 있는 것도 아니고 보호색이 있는 것도 아닙니다. 고도 근시라 길도 잘 잃어버립니다. 털이 많아서 깎아 주지 않으면 잘 움직이지도 못합니다. 온순하지만 겁이 많습니다. 그런 양에게 탁월한 능력이 하나 있습니다. 바로 목자의 음성을 기가 막히게 알아듣는다는 것입니다. 양이 가진 최고의 능력입니다. 공격 능력은커녕 방어 능력 하나 없는 양이지만 목자만 잘 만나면 아무 걱정이 없습니다. 목자가 하라는 대로 만 하면 언제나 안전합니다. 참 목자만 만나면 양은 다 괜찮습니다. 우리도 그렇습니다. 우리들의 큰 목자-참 목자이신 예수의 음성을 잘 듣고 반응하며 살면 우리는 언제나 안전합니다.

시편 23:1
주님은 나의 목자시니, 내게 부족함 없어라.

예수의 음성이 죽은 나사로에게 들립니다. 그는 그 음성에 반응하여 걸어 나옵니다. 이 땅의 유일한 의(義)인 예수께 반응하는 자는 의(義)에 살아있는 자입니다. 의(義)를 사랑하는 자, 진리를 살아가고자 하는 자는 예수의 음성에 반응합니다. 의에 대하여 산 사람이 되어 움직입니다. 의가 말하는 대로 의가 가르쳐주는 대로 움직입니다.

주의 말씀에 반응하며 걸어 나오는 나사로의 모습은 또한 주께서 다시 오시는 날의 우리의 모습입니다. 잠자는 자들이 주의 음성에 반응하며 주께 나오는 모습 말입니다.

데살로니가전서 4:15-17
우리는 주님의 말씀으로 여러분에게 이것을 말합니다. 주님께서 오실 때까지 살아남아 있는 우리가, 이미 잠든 사람들보다 결코 앞서지 못할 것입니다. 주님께서 호령과 천사장의 소리와 하나님의 나팔 소리와 함께 친히 하늘로부터 내려오실 것이니, 그리스도 안에서 죽은 사람들이 먼저 일어나고, 그 다음에 살아남아 있는 우리가 그들과 함께 구름 속으로 이끌려 올라가서, 공중에서 주님을 영접할 것입니다. 이리하여 우리가 항상 주님과 함께 있을 것입니다.

나사로야 나오라, 예수는 말씀으로 그를 죽음으로부터 불러내십니다. 그를 구원하십니다. 그를 재창조하십니다. 오로지 말씀으로 죽은 나사로를 다시 생명으로 부르십니다.

듣지도 보지도 말하지도 걷지도 못하는 주검이 예수의 음성에 반응을 보입니다. 주의 말씀이 전혀 새로운 호흡이 된 것입니다. 하나님은 아담을 창조하실 때 친히 숨을 불어넣으셨습니다. 그 하나님이 아담 안에 있는 이들을 새로 살리실 때는 말씀으로 살리십니다. 말씀, 태초부터 있던 그 말씀, 그 말씀이 우리들의 새로운 호흡이 됩니다.

요한복음 1:1-5
태초에 '말씀'이 계셨다. 그 '말씀'은 하나님과 함께 계셨다. 그 '말씀'은 하나님이셨다. 그는 태초에 하나님과 함께 계셨다. 모든 것이 그로 말미암아 창조되었으니, 그가 없이 창조된 것은 하나도 없다. 창조된 것은 그에게서 생명을 얻었으니, 그 생명은 사람의 빛이었다. 그 빛이 어둠 속에서 비치니, 어둠이 그 빛을 이기지 못하였다.

그리스도인은 말씀으로 호흡하는 사람들입니다. 디모데후서는 성경에 대해 이렇게 말합니다.

디모데후서 3:16
모든 성경은 하나님의 영감으로 된 것으로서 교훈과 책망과 바르게 함과 의로 교육하기에 유익합니다.

여기서 '하나님의 영감(감동)'으로 번역된 헬라어 데오프뉴스토스(θεόπνευστος)는 '숨을 불어넣다'로도 번역되는 단어입니다. 그러니까 성경은 하나님이 숨을 불어 넣은 책이라는 의미입니다. 성경을 읽고 듣고 믿고 행할 때 우리의 영적 심장은 활기차게 뛰게 됩니다. 쉼 없이 역동적으로 뛰며 우리의 영은 강건하게 합니다. 죽은 나사로에게 새로운 숨이 된 주의 말씀, 그 말씀은 지금도 우리 영혼의 숨이 됩니다.

갓 태어난 아기의 감각 중 가장 먼저 발달하는 감각이 청각이라는 것, 그리고 한 삶을 다 살고 이 땅을 떠나는 이의 감각 중 마지막까지 살아있는 감각 역시 청각인 것은 우연이 아닙니다. 처음부터 듣게 하시고 마지막까지 듣게 하신 하나님의 설계입니다. 임종을 앞둔 불신자에게 복음을 전하게 될 때가 있습니다. 아무 말도 하지 못하고 그저 죽음을 기다리는 분의 귀에 예수의 사랑을 잠시 전합니다. 그리고 사도신경을 들려드립니다. 수년 전 스스로 삶을 중단하려 한 청년에게 그렇게 했습니다. 모든 장기가 상하고 아무 말도 하지 못하고 눈도 뜨지 못하는 상태였습니다. 이제 시간이 얼마 남지 않았습니다. 그에게 예수의 사랑을 전하고 사도신경을 들려주었습니다. 그의 감은 눈에서 눈물이 흘러내렸습니다. 청각이 살아있다는 것이 너무도 감사한 순간이었습니다.

로마서 10:17
그러므로 믿음은 들음에서 생기고, 들음은 그리스도를 전하는 말씀에서 비롯됩니다.

우리의 구원은 들음으로 시작됩니다. 나사로는 예수의 음성을 듣는 것을 시작으로 다시 보고 다시 말하고 다시 걷게 됩니다. 나사로에게 일어나고 있는 일은 바로 예수 믿는 자에게 일어날 일입니다. 생명이신 예수의 음성을 들은 것을 시작으로 이제 나사로는 새롭게 보고 새롭게 듣고 새롭게 만지게 될 것입니다. 그의 모든 것이 새로워질 것입니다.

죽음의 그림자가 희미하게라도 비쳐오면 연약한 생명은 파르르 떱니다. 어느 생명도 불쑥 찾아오는 죽음을 이기지는 못합니다. 그런데 놀랍게도 그날 베다니 나사로의 무덤 앞에서는 죽음이 생명 앞에서 꼼짝 못합니다. 예수가 죽음보다 강한 이임을 성경은 선명히 보여줍니다. 예수가 이미 죽음을 이기시는 분이심을 그날 그렇게 미리 보여주신 것입니다.

주의 음성을 듣고 걸어 나오는 일, 그것은 나사로 자신이 해야 하는 일입니다. 주의 음성을 들은 자는 스스로 그렇게 반응합니다. 하나님의 일하심이 스스로 하는 모양새로 드러납니다. 그날 죽은 나사로를 향해 하신 그 말씀-'나사로야, 나오라'-는 모든 인류를 향해 하신 말씀입니다.

오늘도 우리 주 예수 그리스도께서 아담 안에 있는 인류를 향해 말씀하십니다.-나사로야, 나오라.

6. 풀어 놓아 다니게 하라

나사로가 살아났습니다. 무덤 속 어둠을 뒤로 하고 무덤 밖 빛을 좇아 걸어 나왔습니다. 예수는 그가 나오는 것을 본 후 말씀하십니다 - '풀어 놓아 다니게 하라'

> **요한복음 11:44**
> 죽은 자가 수족을 베로 동인 채로 나오는데 그 얼굴은 수건에 싸였더라 예수께서 이르시되 풀어 놓아 다니게 하라 하시니라(개역개정)

풀어 놓아 다니게 하라, 이 말씀은 나사로에게 하신 말씀이 아닙니다. 돌을 옮겨 놓으라와 마찬가지로 주변 사람들에게 하신 말씀입니다. 손과 발은 베로 칭칭 감겨있고 얼굴은 수건으로 싸인 채 겨우겨우 걸어 나온 나사로입니다. 누군가 도와주지 않으면 움직일 수도 걸어 다닐 수도 없습니다. 이제 주님의 말씀대로 누군가가 그를 감고 있는 천들을 풀어주어야 합니다. 지독한 악취를 풍기고 있는 그에게 다가가 도와주어야 합니다.

인간은 선악을 알게 하는 나무의 실과를 먹은 이후 악취 나는 존재가 되었습니다. 나사로는 죽은 지 나흘이 되었지만 우리 인류는 죽은 지 도대체 얼마의 시간이 흐른 것일까요? 예수가 오시기까지 우리는 살아도 산 것이 아닌 죽은 자로 살았습니다. 태초의 시간과 멀어지면 멀어질수록 인류의 부패는 점점 더 심해지고 있습니다. 인간이 가진 존재적 악취는 어디로 사라지지 않았습니다. 누군가 건드리면 냄새를 풍깁니다. 점잖게 있다가도 누군가 건드리면 냄새가 납니다. 고름이 나옵니다. 교양으로 학식으로 인격으로 나름 잘 덮어 둔다고 덮어두었는데 누군가 슬쩍 건드리면 여지없이 냄새가 납니다.

사람, 악취 나는 존재

아담과 하와가 선악을 알게 하는 나무의 실과를 먹은 후 제일 먼저 한 일은 몸을 가린 일입니다. 벌거벗었으나 부끄러워하지 않던 그들이었는데 수치와 모욕이 무엇인지 알게 되었습니다. 아담과 하와는 무화과 나뭇잎으로 치마를 만들어 부끄러운 부분을 가립니다. 그것도 부족하여 나무 사이에 숨습니다.

> **창세기 2:25**
> 남자와 그 아내가 둘 다 벌거벗고 있었으나, 부끄러워하지 않았다.

> **창세기 3:7-8**
> 그러자 두 사람의 눈이 밝아져서, 자기들이 벗은 몸인 것을 알고, 무화과나무 잎으로 치마를 엮어서, 몸을 가렸다. 그 남자와 그 아내는, 날이 저물고 바람이 서늘할 때에, 주 하나님이 동산을 거니시는 소리를 들었다. 남자와 그 아내는 주 하나님의 낯을 피하여서, 동산 나무 사이에 숨었다.

가리고 덮고 숨습니다. 가린다고 가려지지 않는다는 것을, 숨는다고 숨겨지지 않는다는 것을 몰랐습니다. 그저 가리고 덮고 숨기에 급급합니다. 그들의 부끄러움을 가려준 나뭇잎도 그들이 몸을 숨겨준 나무도 그들을 온전히 가려주지는 못합니다. 나무 사이에 숨는다한들 위는 뻥 뚫린 상태입니다. 나뭇잎 치마도 햇볕에 말라 곧 부스러질 것입니다. 하나님은 그런 그들에게 가죽옷을 지어 입혀주십니다. 그러나 그날 이후 찾아온 두려움, 수치심, 후회스러움, 창피함, 불안… 불현듯 찾아온 그 느낌과 감정은 그들의 **뼛속**까지 자리하게 됩니다.

창세기 3:21
주 하나님이 가죽옷을 만들어서, 아담과 그의 아내에게 입혀 주셨다.

인류는 선악을 알게 하는 나무의 실과를 먹음으로 자신의 한계를 뛰어넘으려고 했습니다. 하나님처럼 되고 싶었습니다. 하지만 그런 인류에게 찾아온 것은 도리어 한층 더 견고해진 '유한성'입니다. 그날 이후 인류의 시간은 부패와 사망의 시간이 됩니다. 초대 교부 아타나시우스는 '네가 반드시 죽으리라'는 말씀(창2:16-17)은 죽음만을 말씀하는 것이 아니라 죽음과 부패의 상태에 머물게 되리라는 말씀이라고 말합니다.[7]

이제 인류의 모든 시간은 결국 죽음을 향합니다. 부패를 향합니다. 그렇습니다. 죽음은 언제나 부패를 가져오고, 부패는 언제나 죽음을 향합니다. 아타나시우스는 말합니다. 부패의 시간 속으로 들어간 인류를 그냥

---

7) 아타나시우스, 『말씀의 성육신에 관하여』 오현미 옮김. (서울: 죠이북스, 2021), 27.

내버려두기에는 인류를 향한 하나님의 마음이 너무도 깊다고. 하나님의 고상한 작품인 인간이 엉망이 되어가는 것을 하나님이 가만히 보고 계신다는 것은 하나님께 어울리지도 합당하지도 않은 일이라고 말합니다.[8]

하나님은 사람에게 가죽옷을 입히는 것을 시작으로 타락한 인간의 삶에 관여하기 시작하십니다. 인류에게 가죽옷을 입히시기 위해 어떤 한 동물을 죽이십니다. 성경에 나타난 최초의 실제적 죽음입니다. 하나님은 사람을 위해 동물을 희생시키십니다. 죄 없는 한 존재를 죽게 하십니다. 인류를 위한 첫 희생입니다. 성경에 나오는 예수의 첫 번째 그림자입니다.

새로운 피조물, 그러나 여전히 냄새나는 사람들

무덤에서 나온 나사로에게 어느 누구 하나 다가가지 못합니다. 공포와 두려움에 사로잡혀 그저 나사로와 예수를, 예수와 나사로를 번갈아 볼 뿐입니다. 경이롭다고 하기에는 너무도 충격적인 현장입니다. 마냥 기뻐

---
8) 같은 책, 32.

하고 반가워하기에는 나사로의 모습이 끔찍합니다. 무엇보다도 나사로에게서 나는 악취가 대단합니다. 누구 하나 어떻게 해야 할지 모르고 있는 그때 예수께서 말씀하십니다-풀어 놓아 다니게 하라.

이제 누군가 냄새나는 그에게 다가가 그의 몸을 감고 있는 베를 풀어주어야 합니다. 썩은 내 나는 베로 동인 몸으로는 아무것도 할 수 없습니다. 누군가 곁에서 그를 풀어주고 그의 상태를 알려주기도 하고 함께 걸어주고 또 씻겨주어야 합니다. 나사로를 사랑하는 누군가가 그 일을 해야 합니다.

예수의 음성을 듣고 예수를 믿기 시작했다는 것은 이제 새로운 피조물로서 갓 태어난 것을 의미합니다. 아기가 태어나면 엄마가 하나하나 돌봐주어야 하듯 영적 거듭남도 그러합니다. 복음을 받아들였다고 해서 모든 것이 저절로 알아지고, 하루아침에 모든 것으로부터 풀려나는 것이 아닙니다. 여전히 상처에 묶여있고 여전히 세상 가치관에 묶여있고 이기적 자아에 묶여있습니다. 영의 세계에서는 모든 것이 단번에 변해 있겠지만 육으로는 점차적으로 만나가게 됩니다. 주신 자유를 하나하나 내 것으로 만나게 되는 데에는 시간이 걸립니다. 마치 이런 겁니다. 보물지도를 손에 쥐었습니다. 보물섬에 보물이 있는 것은 기정사실입니다. 보물섬에 가면 그 보물은 모두 내 것이 됩니다. 내 손에 보물지도가 있으니 이제 찾아 나서면 됩니다. 어서 길을 떠나야 합니다. 밭에 보화가 있다는 것을 안 이상 가만히 있을 사람은 없습니다. 대가를 치르고서라도 그 밭을 삽니다.

마태복음 13:44-46
천국은 마치 밭에 감추인 보화와 같으니 사람이 이를 발견한 후 숨겨 두고 기뻐하며 돌아가서 자기의 소유를 다 팔아 그 밭을 사느니라 또 천국은 마치 좋은 진주를 구하는 장사와 같으니 극히 값진 진주 하나를 발견하매 가서 자기의 소유를 다 팔아 그 진주를 사느니라 (개역개정)

예수를 영접한 후 우리는 하나님이 마련해 두신 보물들을 하나하나 만나게 됩니다. 예수께서 십자가에서 이룬 자유, 평안, 지혜, 기쁨을 만나게 됩니다. 좀 더 정확히 말하면 예수라는 자유, 예수라는 지혜, 예수라는 평안, 예수라는 기쁨을 만나고 누리게 됩니다.

아담 안에서 살던 이가 예수 안에서 새로 태어났습니다. 이 땅에서 허락되는 시간만큼 자라게 되고 또 자라야 합니다. 자신이 왜 이 땅에 왔는지 무엇을 위해 살아야 하는지에 대한 깊은 사유가 시작됩니다.

고린도후서 5:17
누구든지 그리스도 안에 있으면, 그는 새로운 피조물입니다. 옛 것은 지나갔습니다. 보십시오, 새 것이 되었습니다.

새로운 피조물로서 모든 것을 새로 만나게 됩니다. 내 남은 삶의 의미가 무엇인지, 왜 나는 여전히 살아있는지 왜 계속 오늘이라는 시간을 허락하시는지 묻기 시작합니다. 그러면서 육신을 입고 사는 모든 삶이 믿음과 연결되어 있음을 알게 됩니다.

갈라디아서 2:20
나는 그리스도와 함께 십자가에 못 박혔습니다. 이제 살고 있는 것은 내가 아닙니다. 그리스도께서 내 안에서 살고 계십니다. 내가 지금 육신 안에서 살고 있는 삶은, 나를 사랑하셔서 나를 위하여 자기 몸을 내어주신 하나님의 아들을 믿는 믿음 안에서 살아가는 것입니다.

그렇습니다. 이제 우리의 남은 날은 예수가 누구인지 그분을 계속 만나는 시간입니다. 신을, 신의 아들을, 이 땅의 섭리를 배우는 시간입니다. 알고 싶은 만큼 갈망하는 만큼 하나님의 말씀인 성경을 붙잡게 됩니다.

성경이 말하는 하나님, 성경을 주신 하나님을 만나게 됩니다. 그렇게 하나님의 사랑을 만나고 하나님의 마음을 만나면서 그리스도의 완전성의 담지자가 됩니다.

에베소서 4:13
마침내 우리 모두가 하느님의 아드님에 대한 믿음과 지식에 있어서 하나가 되어 성숙한 인간으로서 그리스도의 완전성에 도달하게 되는 것입니다.
(공동번역)

그 모든 여정 굽이굽이에서 우리 자신이 얼마나 냄새나는 존재인지도 만납니다. 많은 신자들이 교회 안에 성숙한 그리스도인만 있기를 기대합니다. 좋은 기대감이지만 이 땅에 그런 교회는 없습니다. 혹 그런 교회가 있다 해도 우리 자신이 그 교회에 구성원이 되는 순간 그 교회의 평균은 뚝 떨어질 것입니다. 교회 안에는 언제나 갓 태어난 어린 신자, 교회는 오래 다녔지만 어설픈 신자, 진리를 갈망하고 진리를 살아내는 성숙한 신자가 다 함께 있습니다. 학교로 비유하자면 한 학교에 어린이집에 다니는 원아부터 초등학생, 중고등학생, 대학생, 박사님, 교수님까지 다 있는 겁니다. 백 명이 모이면 백 학년으로 나뉠 수도 있을 겁니다. 그 모습이 조금

달라 보일 수는 있지만 모두 냄새가 난다는 것에서는 크게 다를 바 없습니다. 냄새가 좀 더 나고 덜 나고의 차이가 있을 뿐 모두 인간이라는 존재가 갖는 생래적 냄새를 갖고 있습니다.

의존과 굴욕을 통해 성숙해가는 우리들

신약학자이자 성공회 사제인 존 스토트(John Stott) 목사님은 어느 날 집안에서 넘어집니다. 얼마나 심하게 넘어졌는지 일어나는 것은 고사하고 전혀 움직이지 못합니다. 친구들의 도움으로 마룻바닥에서 들것으로, 들것에서 구급차로, 구급차에서 병원 침대로, 병원 침대에서 수술실로 옮겨져 고관절 수술을 받습니다. 그는 다른 사람에게 의존할 수밖에 없었던 당시의 경험과 그 경험을 통해 깨닫게 된 것을 자신의 책 『제자도』에 실었습니다. 그는 하나님께서는 우리를 더 성숙시키기 위해 누군가를 의존하는 경험들을 사용하신다고, 다른 사람을 의지하지 않으려는 것은 성숙이 아니라 미성숙의 표지라고 말합니다.[9]

---

9) 존 스토트, 『제자도』 김명희 옮김. (서울: IVP, 2010), 127.

우리는 누군가의 도움을 받으며 살아야 한다는 것을 모두 알고 인정합니다. 하지만 경우에 따라 도움받는다는 것에 대해 부끄러움을 느낄 때가 있습니다. 심지어 어떤 도움 앞에서는 비참함을 느끼기도 합니다. 내 몸뚱이조차 내 힘으로 어쩌지 못할 때, 혼자 밥을 먹을 수 없어서 누군가가 떠 먹여 주어야 할 때, 화장실 가는 일조차도 누군가의 도움 받아야 할 때 우리는 미안함과는 다른 굴욕감을 느낄 수 있습니다. 육체적 의존 뿐 아니라 정서적 의존, 경제적 의존도 그렇습니다. 존 스토트 목사님 역시 자신의 몸을 온전히 맡길 수밖에 없었던 경험을 말하며 '굴욕'이라는 단어를 꺼냅니다. 그러면서 캔터베리 대주교 마이클 램지(Arthur Michael Ramsey)가 사제 서품을 받는 이들에게 들려준 설교의 일부를 들려줍니다.

"굴욕을 받아들일 준비를 하십시오. 마음에 심각한 상처를 받을 수 있지만 여러분을 겸손하게 해 줄 것입니다. 사소한 굴욕이 있을 수 있습니다. 그것을 받아들이십시오. 좀 더 심한 굴욕이 있을 수도 있습니다. 이 모든 것이 자기를 낮추사 십자가에 못 박히기까지 하신 우리 주님께 좀 더 가까워지는 기회가 될 수 있습니다." [10]

---

10) 같은 책, 127.

존 스토트 목사님은 아무에게도 짐이 되고 싶지 않다고, 짐이 되느니 죽는 게 낫다고 하는 노인들에게 말합니다. 우리는 모두 누군가의 짐이 되도록 설계 되었다고, 당신은 내게 짐이 되도록 설계되었고 나는 당신에게 짐이 되도록 설계되었다고 말합니다.[11]

주께 발을 내놓아야 합니다

예수님은 마지막 유월절 식사 후 제자들의 발을 씻겨 주셨습니다. 수건을 허리에 두르시고 대야에 물을 담은 후 몸을 낮춰 제자들의 발을 씻기셨습니다. 노예 중에서도 가장 낮은 노예가 하는 일을 예수께서 하신 겁니다.

이력서(履歷書)라는 단어는 신발 '리'(履)자와 다닐 '력'(歷)자가 만나 이룬 단어입니다. 신발이 다닌 곳이 그 사람의 이력이 됩니다. 발이 가 있는 곳에서 우리는 보고 듣고 말하고 일합니다. 깡패 집단에 있으면 아무리 착해 보이는 일을 해도 깡패의 일입니다. 사기꾼들과 함께 지내면 아

---
11) 같은 책, 131.

무리 성실해도 나쁜 놈일 뿐입니다. 발이 걸어온 길이 우리의 삶의 여정입니다. 예수께서 우리의 발을 씻기신다는 것은 우리의 지난 삶을 씻겨주시는 겁니다. 그렇습니다. 예수는 우리 삶의 모든 악취, 고름, 상처, 굳은 살을 다 만져주시고 씻어주십니다.

우리는 주께 우리의 발을 내놓아야 합니다. 간혹 주께 발을 내보인 적 없는 채로 다른 사람들의 발을 씻겨주겠다고 나서는 분들을 보곤 합니다. 그 인간적인 마음이야 고맙지만 뭔가 오해하고 있는 겁니다. 자신의 발을 주께 내보이는 것이 먼저입니다. 그렇습니다. 냄새나는 나의 발을 예수께 내놓는 것이 먼저입니다.

주께 발을 내놓는 일은 전혀 부끄러운 일이 아닙니다. 마치 아기가 엄마 아빠 앞에서 똥 싼 것을 부끄러워하지 않는 것처럼 말입니다. 아기는 부모를 전적으로 의지하면서 기뻐할 따름입니다. 자기의 모든 것을 다 보여도 그저 즐겁습니다. 본디 우리도 주 앞에서 그런 존재라는 것, 그것을 알아가는 것, 우리의 신앙 여정의 큰 줄기 중 하나입니다.

냄새나는 노아의 방주

노아의 방주는 하나님이 친히 기획하고 설계하신 구원의 방주입니다. 그 안에 들어가면 홍수로부터 안전했습니다. 노아와 그 가족은 1년 여의 시간을 방주에 있어야 했습니다. 방주 안은 어땠을까요? 노아 가족의 배설물은 물론 그 많은 동물들의 오물, 그리고 온갖 생활 쓰레기로 악취가 진동했을 것입니다. 구원의 방주인데 냄새가 나고 지저분합니다.

교회도 그렇습니다. 하나님이 친히 기획하시고 설계하신 곳인데 이런저런 냄새가 납니다. 예수의 몸된 교회라는데 어디선가 계속 냄새가 납니다. 그렇습니다. 교회는 죄인들의 모임입니다. 자신이 냄새나는 존재라는 것을 아는 사람들의 모임입니다. 교회는 냄새나는 내가, 냄새나는 너에게 도움받는 곳입니다. 냄새나는 내가, 냄새나는 너를 도와주는 곳입니다.

많은 이들이 교회를 찾는다고 합니다. 다닐 교회가 없다고들 합니다. 어쩌면 그들은 냄새나는 나를 견뎌줄 사람을 찾는지도 모르겠습니다. 누가 내 손과 발을 좀 풀어주길, 누가 나 좀 물가로 데리고 가 씻겨주길 바라는 마음으로 교회를 찾는지도 모릅니다. 또 어떤 누군가는 나는 더 이상 냄새나는 곳은 가지 않겠다며 깨끗한 사람들만 모인 교회를 찾는지도 모르겠습니다.

교회가 어느새 쾌적한 실내 공간, 넓은 주차장, 학위 가진 목회자, 근사한 직업의 교인들을 자랑하는 시대가 되었습니다. 어쩐 일인지 교회도 향수를 뿌린 멀끔한 사람들만 기다리는 것 같기도 합니다. 다들 잊은 것 같습니다. 겉모습이 아무리 화려해도 우리는 냄새나는 존재라는 것을 말입니다. 누군가에게서 조금 냄새가 나면 인상을 찌푸리는 사람, 그 사람은 분명 자신이 더 심한 악취를 풍기는 중이라는 것을 모르는 사람입니다.

교회, 풀어 놓아 다니게 하는 공동체

교회라는 곳은 신비로운 곳이라서 누구든 교회 안에 깊숙이 들어오면 인간 본성이 가진 냄새가 스멀스멀 새어 나오게 됩니다. 믿음의 공동체 안에서 사랑하고 사랑받으며 자신의 실체가 드러나는 겁니다. 실로 놀라운 일입니다. 밥벌이와는 상관없는 모임에서 그동안 잘 덮고 잘 가렸던 냄새가 솔솔 올라옵니다.

사람들은 누군가의 치아에 고춧가루가 끼면 그 사람에게 말해주지 않고 다른 사람에게 말해주곤 한답니다. '저 사람 이에 고춧가루 끼었어'라고. 다른 사람들의 웃음거리가 되고 있는데 아무도 말해주지를 않고 수군거리는 일, 사람답지 않은 모습입니다. 조용히 조심스레 거울을 건네주는 일, 바로 교회 안에서 이루어지는 일입니다.

사람은 육안으로 자신의 얼굴을 보지 못합니다. 창조주 하나님께서 사람을 그렇게 지으셨습니다. 자신의 눈으로 자신의 얼굴을 보지 못하는 신체 구조로 지으셨습니다. 자신의 얼굴을 보려면 거울이라는 도구를 사용하거나 다른 사람의 도움을 받아야 합니다. 관계 안에서만 관계를 통해서만 자신을 만날 수밖에 없습니다. 그렇습니다. 공동체 안에서만 만나게 되는 자신이 있습니다.

주의 음성을 듣고 무덤에서 나오기는 했는데 아무도 곁에 오지 못하게 하는 분들이 있습니다. 손과 발이 묶인 채 얼굴에 수건을 가린 채 그냥 그대로 그냥 살던 대로 살겠답니다. 나도 당신께 가까이 가지 않을 테니 당신도 내게 가까이 오지 말랍니다. 이런 사람은 주의 음성을 듣고 무덤 밖으로 나오기는 했는데 다시 무덤이 그립다고 말하는 격입니다.

그리스도인은 관계 속에서 그리스도인이 됩니다. 관계 맺지 않은 채 고고한 그리스도인이 되겠다? 그럴 수는 없습니다.

예수는 말씀으로 돌을 옮길 수도 나사로 몸의 베도 풀어줄 수도 있는 분입니다. 그럼에도 그 일을 나사로 곁의 사람들로 하게 하십니다. 하나님의 뜻은 너무도 선명합니다. 교회가 그 일을 하라는 겁니다. 교회 안에서 조금씩 자유로워진 누군가가 냄새나는 그에게 다가가 도와야 합니다. 그를 도울 때 자신에게서 풍겨 나왔을 악취를 다시금 만나게 됩니다. 그래서 냄새나는 그 사람의 손을 잡으며 말하게 됩니다. 당신만 그런 것이 아니랍니다. 저는 당신보다 더했답니다. 우리 모두 그랬답니다.

교회 공동체는 서로 '풀어 놓아 다니게 하는' 공동체입니다. 교회만이 그 일을 할 수 있습니다. 또한 주의 이름으로 그 일을 하는 모든 공동체는 이미 교회입니다.

예수께서 십자가를 지신 것은 죽어서 가는 천국만을 위해 그리 하신 것이 아닙니다. 이 땅에서 예수가 주는 그 자유, 기쁨, 환희를 알게 하시기 위함입니다. 주님은 오늘도 우리에게 자유를 주시고자 하십니다. 주님은 우리가 무덤에서 나온 것으로 그치지 말고 이 땅의 삶을 맘껏 자유롭게 살기를 원하십니다. 과거의 상처, 오늘의 열등감과 우월감, 내일의 불안, 그 모든 것에서 벗어나 영원에 잇닿은 자유를 누리라 하십니다. 어제보다 오늘, 오늘보다 내일 더 자유로운 존재로 살라 하십니다.

오늘도 우리들의 교회 안에서 주의 음성이 울려 퍼집니다-풀어놓아 다니게 하라.

2장

우리들의 눈물

———

땅의 눈물

1. 아담의 눈물, 속울음을 우는 아버지

태초의 시간, 생명과 경이로 가득한 태초의 시간에 죄가 깃듭니다. 사망을 불러들인 죄가 인류에게 뿌리를 틉니다. 인류에게 깃든 죄는 고통과 눈물을 자아냅니다. 성경에는 많은 눈물이 기록되어 있지만 기록되지 않은 눈물도 있습니다. 기록되지 않았지만 너무도 분명한 고통, 기록되지 않았지만 그 어떤 슬픔보다 깊은 슬픔이 있습니다.

한 생명이 이 땅에 올 때 자신이 잘 안착했음을 울음으로 드러냅니다. 생명은 울음과 함께 등장합니다. '탄생'(誕生)이라는 단어는 언제나 빛이 납니다. 탄생의 현장은 '나오는 이의 고통'과 '낳는 이의 고통'이 어우러진 경이로운 현장입니다. 아기는 울지만 어른들은 그 울음을 반기고 기뻐합니다. 출산의 현장에는 언제나 아가의 힘찬 울음과 산모와 그 가족의 안도감과 감동의 눈물이 함께 합니다.

성경에서 제일 먼저 힘찬 생명의 울음을 들려준 첫 번째 아기는 가인입니다. 가인은 힘차게 울며 생명의 시작을 알리고, 아담과 하와는 가인을 보며 생명이 주는 경이로움에 감동합니다. 생명이 주는 활기찬 울음을 운 첫 사람이 가인이라는 것, 의심의 여지가 없습니다.

그렇다면 성경에서 아픈 울음을 운 첫 사람은 누구일까요? 아프게 운 사람, 어쩌면 울음을 삼킨 사람, 그가 울었다는 기록은 없지만 누가 보아도 슬픔이 선연한 첫 번째 사람. 그는 다름 아닌 아담입니다. 아담에게 경이로운 존재로 다가온 첫아들 가인, 아담과 하와 부부에게 세상에 이런 기쁨도 있구나를 가르쳐 준 존재입니다. 처음 보는 작은 사람, 엄마 아빠를 세상 전부로 아는 작은 아가, 그 아기로 인해 새로운 행복을 맛봅니다. 아담과 하와는 둘째 아들을 낳습니다. 아벨입니다. 첫째보다 낳는 것도 키우는 것도 조금은 익숙해진 터, 첫째 때와는 또 다른 기쁨으로 키웁니다. 두 아들이 장성한 어느 날, 아담에게 끔찍한 소식이 전해집니다. 둘째 아들 아벨의 죽음.

아벨의 죽음 앞에서 아담은 사람이 죽는다는 것이 무엇인지를 알게 됩니다. 아벨의 죽음만으로도 감당하기 어려운데, 아벨을 죽인 자가 다름 아닌 가인이라니. 아벨을 잃은 슬픔에 아벨을 죽인 이가 다름 아닌 가인이라는 사실이 더해져 아담의 마음은 찢어집니다.

인류의 첫 비극이 형제 살인인 이유

인류 최초의 살인 사건은 형제 살인입니다. 그렇습니다. 실낙원 이후 인류에게 찾아온 첫 번째 비극은 형제 살인입니다. 둘 다 한 아버지의 아들이건만 한 아들이 다른 아들을 서슴없이 죽입니다. 죄 있는 자가 죄 없는 자를 죽입니다. 그러고도 자신의 죄를 모릅니다. '네 아우 아벨이 어디 있느냐'는 하나님의 물음에 '내가 내 아우를 지키는 자이니이까'라며 도리어 화를 내듯 답합니다.

> **창세기 4:9**
> 주님께서 가인에게 물으셨다. "너의 아우 아벨이 어디에 있느냐?" 그가 대답하였다. "모릅니다. 제가 아우를 지키는 사람입니까?"

아벨을 죽인 가인의 모습은 예수를 죽인 인류의 모습 그대로입니다. 한 아버지의 아들로서 그 아버지의 다른 아들을 죽인 자, 죄 없는 자를 죽인 죄 있는 자, 다름 아닌 예수를 십자가에 못 박은 인류의 모습 그대로입니다. 성경에 인류 최초의 살인으로 형제 살인이 기록된 된 것은 우연이 아닙니다. 성경은 아벨의 죽음을 통해 예수의 죽음을 미리 보여 준 것입니다. 성경에는 아벨의 말이 한마디도 기록되어 있지 않습니다. 아벨은 말없이 죽었습니다. 예수처럼 말입니다. 성경은 이 사건으로 인한 아담(과 하와)의 아픔을 기록하지 않습니다. 그들의 아픔을 기록하기에는 인간의 언어가 너무도 가난합니다. 아담(과 하와)이 흘린 눈물은 사람의 눈물인 동시에 하나님 아버지의 눈물입니다. 하나님은 자신의 아픔을 그렇게 아담을 통해 제일 먼저 우리에게 보이십니다. 아담은 하나님 아버지의 고통을 경험하는 첫 번째 아버지입니다.

　　미국의 기독교 철학자 니콜라스 월터스토프(Nicholas Wolterstorff)는 스물다섯 살의 아들 에릭을 등반 사고로 잃습니다. 아들을 잃고 12년이 지난 후 『나는 사랑하는 사람을 잃었습니다』(Lament for a son)라는 제목의 책을 씁니다. 그는 책 서문에서 이렇게 말합니다.

> 누군가 내게 "당신은 누구입니까? 자신에 대해 말해 보십시오"라고 묻는다면 나는 간단히 대답할 것이다. "나는 아들을 잃은 아버지입니다." 나의 상실이 내 정체성을 결정한다. 내 전부는 아닐지 모르나 내 정체성의 커다란 부분을 결정한다. 나의 상실은 나의 이야기이기 때문이다. 나는 그저 슬픔을 간직하는 단계를 넘어 슬픔을 구속하려고 애쓴다. 그러나 그 슬픔을 내 것이 아니라고 부인할 수 없을 만큼, 그 슬픔을 버리려고 애쓰지도 않는다.[12]

깊은 상실의 고통은 그 사람의 정체성이 됩니다. 획득한 그 무엇, 성취한 그 무엇이 정체성이 되기도 하지만 상실이 깊을 때는 그 성취와 획득은 온데간데없이 사라집니다. 깊은 상실은 앞선 모든 성취와 획득마저도 삼켜 버립니다.

성경에는 많은 눈물이 나옵니다. 상실과 아픔의 눈물, 기쁨과 환희의 눈물, 후회와 회개의 눈물, 그리고 거짓 눈물까지. 사람이 흘리는 모든 눈물이 성경에 다 기록되어 있는 셈입니다. 성경은 하나님에 대한 책인 동시에 사람에 대한 책이기에 그렇습니다. 성경은 그렇게도 많은 눈물을 기록하면서 아들을 잃은 아버지(어머니)의 슬픔은 자세히 묘사하지 않습니

---

12) 니콜라스 월터스토프, 『나는 사랑하는 사람을 잃었습니다』 박혜경 역, (서울: 좋은씨앗, 2003), 8.

다. 그 이유는 아마도 성경 전부가 그 이야기이기 때문일 것입니다. 그렇습니다. 성경은 아들을 잃은 아버지 이야기입니다. 아직 돌아오지 않는 아들을 기다리시는 그 아버지 말입니다(눅15장).

하나님은 내내 자신의 눈물을 사람을 통해 흘리셨습니다. 야곱은 사랑하는 아들 요셉이 죽은 줄 알고 삽니다. 그는 요셉을 잃은 후 깊은 시름에 빠집니다. 물론 요셉은 죽지 않았습니다. 하지만 야곱에게는 죽은 존재였습니다. 다른 형제들이 가져온 요셉의 옷을 보며 울고 울었을 야곱. 야곱은 하나님 아버지의 아픔을 함께 한 사람입니다. 다윗도 아들을 잃었고 나오미도, 엘리도 아들을 잃었습니다. 그리고 마리아도 아들 예수를 잃었습니다. 깊은 상처를 품고 산 사람들입니다.

니콜라스 월터스토프는 말합니다. 아들 에릭을 묻고 온 날, 무거운 관 뚜껑 속에 갇힌 것은 다름 아닌 자신이었다고, 삽으로 흙을 퍼서 덮은 것은 바로 자신이었다고. 아버지(어머니)에게 아들(자녀)은 그런 존재입니다.

하나님은 예나 지금이나 자신의 눈물을 사람을 통해 흘리십니다. 지금도 사람을 통해 눈물을 흘리시는 상처 받은 신(神), 그분이 바로 하늘에 계신 우리 하나님 아버지이십니다.

2. 하갈의 눈물, 네가 어디서 와서 어디로 가느냐

창세기 21:14-21
다음날 아침에 일찍, 아브라함은 먹을거리 얼마와 물 한 가죽부대를 가져다가, 하갈에게 주었다. 그는 먹을거리와 마실 물을 하갈의 어깨에 메워 주고서, 그를 아이와 함께 내보냈다. 하갈은, 길을 나서서, 브엘세바 빈 들에서 정처없이 헤매고 다녔다. 가죽부대에 담아 온 물이 다 떨어지니, 하갈은 아이를 덤불 아래에 뉘어 놓고서 "아이가 죽어 가는 꼴을 차마 볼 수가 없구나!"하면서, 화살 한 바탕 거리만큼 떨어져서, 주저앉았다. 그 여인은 아이 쪽을 바라보고 앉아서, 소리를 내어 울었다.
하나님이 그 아이가 우는 소리를 들으셨다. 하늘에서 하나님의 천사가 하갈을 부르며 말하였다. "하갈아, 어찌 된 일이냐? 무서워하지 말아라. 아이가 저기에 누워서 우는 저 소리를 하나님이 들으셨다. 아이를 안아 일으키고, 달래어라. 내가 저 아이에게서 큰 민족이 나오게 하겠다."
하나님이 하갈의 눈을 밝히시니, 하갈이 샘을 발견하고, 가서, 가죽부대에 물을 담아다가 아이에게 먹였다. 그 아이가 자라는 동안에, 하나님이 그 아이와 늘 함께 계시면서 돌보셨다. 그는 광야에 살면서, 활을 쏘는 사람이 되었다. 그가 바란 광야에서 살 때에, 그의 어머니가 그에게 이집트 땅에 사는 여인을 데려가서, 아내로 삼게 하였다.

여기에, 있었다, 저기에, 있었다, 거기에, 있었다,

여기가, 저기이기도, 저기가, 거기이기도,

거기가, 여기이기도, 했다,

지금은, 저기도, 거기도, 여기도, 오직, 여기다,

그때도, 당장도, 다음도, 오직, 지금이다,

아니면, 다른, 어디에, 있겠느냐.

시인 위선환의 [우리는 어디서 와서 어디로 가는가]라는 시 전문입니다. 어디서 와서 어디로 가는가, 우리는 누구인가, 이 물음은 인류가 존속되는 한 계속 인류 주변을 맴돌 물음입니다. 시인 위선환은 우리는 어디서 와서 어디로 가는가에 대한 물음에 '오직, 여기다', '오직 지금이다'로 답합니다. 그리고는 '아니면, 다른, 어디가, 있겠느냐' 되물으며 시를 마칩니다.

우리의 '여기'는 언젠가는 '거기'가 될 테고, 우리의 '지금'은 곧 '그때'

가 될 것입니다. 우리는 그저 '여기', '지금'을 살 뿐입니다. '우리는 어디서 와서 어디로 가는가.' 우리의 과거와 미래를 묻는 질문인 동시에 현재의 자리를 묻는 질문입니다. 도대체 사람은 어디서 와서 어디로 가는 것일까요?

우리는 과연 어디서 와서 어디로 가는 것일까요? 우리가 신(神)께 물어야 할 그 질문을 신(神)이 사람에게 합니다. 그 철학적 질문을 받은 사람은 놀랍게도 사라의 여종 하갈입니다. 광야 한가운데서 하나님이 하갈에게 물으십니다. '사래의 여종 하갈아, 네가 지금 어디서 와서 어디로 가는 길이냐.'

광야에서 우는 하갈

하갈이 웁니다. 어린 아들 이스마엘을 덤불 아래 두고 저만치 떨어져서 소리내어 웁니다. 주인 나으리 아브라함이 어깨에 메어준 떡과 물을 짊어지고 나온 지 며칠이 되었을까? 어느새 먹을 것과 물이 다 떨어졌습니다. 어린 아들 이스마엘도 녹초가 되었습니다. 모든 것이 막막합니다. 앞으로 어떻게 살아야 할지, 아니 오늘 하루를 버틸 수 있을지 막막합니다. 하갈도 울고 하갈의 아들 이스마엘도 웁니다.

사실 하갈이 광야에서 눈물짓는 것은 이번이 처음은 아닙니다. 이스마엘이 뱃속에 있을 때, 사래의 학대를 못 이겨 도망쳐 나와 홀로 빈 들에 있었습니다. 그러니까 이번이 두 번째입니다.

하갈은 애굽 출신으로 아브라함의 아내 사래의 여종 중 한 명입니다. 나름 총명해서 사래가 인정한 여종입니다. 사래는 남편의 아이를 낳아도 괜찮을 여인, 내 아이가 되어도 손색없을 아이를 낳아줄 여인, 외모도 총기도 건강도 두루 갖춘 여인을 찾았고 그렇게 택한 여인이 바로 하갈입니다. 하갈은 충성스러운 종이며, 말귀 잘 알아듣는 똑똑한 종입니다.

주인 부부 아브람과 사래에게는 자녀가 없습니다. 하나님을 섬기며 사는 분들인데 자녀가 안 생깁니다. 어느 날, 안주인 사래가 아브람과 동침하라 합니다. 네가 낳은 아이는 나의 아이가 될 것이라고, 너는 그냥 낳아주기만 하면 된다고, 네게 안 좋을 것은 하나 없다고 설득합니다. 상상조차 못 했던 제안이지만 종이 주인의 말을 거역할 수 없을뿐더러 굳이 사양할 이유도 없습니다. 그날 이후 하갈은 주인 부부 인생에 들어가게 됩니다.

사래의 바람대로, 사래의 계획대로 하갈이 임신합니다. 그런데 하갈이 임신하자 뜻밖의 일이 생깁니다. 여종 하갈이 임신하자 태도가 바뀐 겁니다. 하갈이 사래를 멸시하기 시작합니다(창16:4). 그에게 임신이 하나의 권력이 될 줄은 몰랐습니다. 사래의 계획은 하갈의 임신, 딱 거기까지였습니다. 사래의 시나리오에는 '여종 하갈이 아들을 낳아 내 품에 안겨주고 한 걸음 뒤로 물러선다', '아기를 낳은 후 다시 종의 자리로 돌아간다'가 있을 뿐입니다. 사래의 시나리오 그 어디에도 여종으로부터의 멸시 같은 것은 없었습니다. 사래는 아기를 품에 안기도 전에 뜻밖의 상황을 맞닥뜨립니다.

자식이 없다는 것 외에 그 무엇 하나 부족한 것이 없는 여인 사래입니다. 사래의 미모로 말할 것 같으면 그 미모가 얼마나 뛰어났는지 남편 아브람은 이방 땅에 들어서자 아내 사래를 누이라고 꼼수를 부립니다. 그곳 사람들이 아름다운 사래를 취하기 위해 남편인 자신을 죽일까봐 그랬던 겁니다(창12장, 20장). 사래는 누구나 다시 한번 쳐다볼 정도의 미모의 여성입니다. 사래는 남편의 사랑을 듬뿍 받으며 살았습니다. 종도 거느리며 살았습니다. 아쉬울 것 하나 없는 여인입니다. 아이를 너무도 갖고 싶었던 사래는 남편의 하나님이 자녀를 준다고 했지만 기다릴 수 없었습니다. 그래서 생각해 낸 것이 여종 하갈을 통해 자녀를 갖는 것이었습니다.

아기를 낳지 못하는 것 외에 아쉬울 것 하나 없는 사래가, 아기를 가졌다는 것 외에 내세울 것이 하나 없는 하갈에게 멸시를 당합니다. 비록 아이는 없지만 평생을 남편 울타리 안에서 그 이름 그대로 공주처럼 살아온 사래입니다. 사래가 가만히 멸시당할 리 만무합니다. 아기를 낳기도 전에 이러니 아기를 낳으면 가관일 것 같습니다. 하갈이 괘씸합니다. 그동안 아기 없이 잘 살아왔는데 이렇게까지 해서 아기를 갖고 싶지는 않습니다.

사래는 흥분하여 남편 아브람에게 말합니다-'내가 받는 모욕을 당신이 받아야 합니다. 하갈이 임신하자 나를 멸시합니다. 당신과 나 사이를 하나님이 판단하시면 좋겠습니다'(창15:6). 아브람은 사래에게 당신의 여종이니 당신 마음대로 하라며 한 발 뒤로 물러섭니다. 사래는 그날로 맘 놓고 하갈을 학대합니다. 그 학대가 얼마나 모질고 고약했는지 하갈이 집에서 도망쳐 나옵니다. 하갈은 이스마엘이 뱃속에 있을 때 그렇게 도망쳐 홀로 광야에 있었습니다. 하갈은 그때 광야에서의 놀라운 경험을 잊을 수가 없습니다.

하갈, 주의 사자를 만나다

창세기 16:7-16
주님의 천사가 사막에 있는 샘 곁에서 하갈을 만났다. 그 샘은 수르로 가는 길 옆에 있다. 천사가 물었다. "사래의 종 하갈아, 네가 어디서 와서, 어디로 가는 길이냐?" 하갈이 대답하였다. "나의 여주인 사래에게서 도망하여 나오는 길입니다."
주님의 천사가 그에게 말하였다. "너의 여주인에게로 돌아가서, 그에게 복종하면서 살아라." 주님의 천사가 그에게 또 일렀다. "내가 너에게 많은 자손을 주겠다. 자손이 셀 수도 없을 만큼 불어나게 하겠다."
주님의 천사가 그에게 또 일렀다. "너는 임신한 몸이다. 아들을 낳게 될 터이니, 그의 이름을 이스마엘이라고 하여라. 네가 고통 가운데서 부르짖는 소리를 주님께서 들으셨기 때문이다. 너의 아들은 들나귀처럼 될 것이다. 그는 모든 사람과 싸울 것이고, 모든 사람 또한 그와 싸울 것이다. 그는 자기의 모든 친족과 대결하며 살아가게 될 것이다."
하갈은 "내가 여기에서 나를 보시는 하나님을 뵙고도, 이렇게 살아서, 겪은 일을 말할 수 있다니!"하면서, 자기에게 말씀하신 주님을 "보시는 하나님"이라고 이름지어서 불렀다. 그래서 그 샘 이름도 브엘라해로이라고 지어서 부르게 되었다. 그 샘은 지금도 가데스와 베렛 사이에 그대로 있다.
하갈과 아브람 사이에서 아들이 태어나니, 아브람은, 하갈이 낳은 그 아들의 이름을 이스마엘이라고 지었다. 하갈과 아브람 사이에 이스마엘이 태어날 때에, 아브람의 나이는 여든여섯이었다.

사래의 학대를 못 이겨 무작정 뛰쳐나온 길입니다. 임신한 몸으로 아무런 준비 없이 집을 나온 하갈에게 하나님이 찾아오십니다. 사래도 만나보지 못한 여호와의 사자를 사래의 종 하갈이 만납니다. 하나님은 사래를 만나기 위해 사래를 따로 찾아가신 적은 없습니다. 물론 사래도 후에 하나님의 사자를 경험하기는 합니다. 하나님의 사자가 남편 아브람을 찾아와 아들을 약속하실 때 장막 뒤에서 듣고 있다가 어이없어서 속으로 웃으며 반응합니다(창18:12). 그때 얼떨결에 하나님의 사자와 잠시 이야기를 나눴을 뿐 하갈처럼 자신을 따로 찾아온 하나님의 사자를 경험 해 본 적은 없습니다. 그렇습니다. 놀랍게도 하갈은 실낙원 이후 하나님이 친히 찾아오신 첫 번째 여인입니다.

하나님의 사자가 광야로 도망쳐 나온 하갈을 부르십니다-'사래의 여종 하갈아.' 이상합니다. '하갈아'라고 부르시면 더 좋을 텐데 '사래의 여종 하갈아'라고 부르십니다. 그리고는 '네가 어디서 와서 어디로 가는 길이냐' 물으십니다. 인류가 내내 답을 찾고자 하는 그 질문을 하갈에게 하십니다. 사람은 도대체 어디서 와서 어디로 가는 것일까. 지금 우리는(나는) 어디쯤 와 있는 것일까. 모든 인문학이 품고 있는 존재론적 질문입니다. 아담에게 '네가 어디 있느냐'(창3:9)며 현존의 자리를 물으셨던 하나님께서 하갈에게 존재의 여정에 대해 물으십니다.

> **창세기 3:9**
> 주 하나님이 그 남자를 부르시며 물으셨다. "네가 어디에 있느냐?"

그날 무화과 나뭇잎으로 몸을 가리고 나무 사이에 숨은 아담에게, 다스려야 할 피조물 사이에 숨어서 몸을 감추고 있는 아담에게 하신 그 물음이 아담이 어디 있는지 몰라서 물으신 것이 아니듯, 여주인 사래의 학대에 못 이겨 대책 없이 뛰쳐나온 하갈에게 그의 목적지가 궁금해서 물으신 것이 아닙니다. 아담에게 '어디'라는 공간에 대한 답을 들으려 하신 것이 아니듯이, 하갈에게도 출처와 방향에 대한 '어디'를 물으신 것이 아닙니다. 하나님께서 우리에게 무엇인가 물어 오실 때는 딱히 그 답을 듣고자 하시는 것이 아닌 경우가 대부분입니다. 하나님은 우리가 하나님의 질문에 멋지게 답하지 못할 것을 아십니다. 우리가 안고 있는 그 허술한 답변을 이미 아십니다. 그럼에도 우리에게 질문을 하시는 이유는 우리를 사유의 자리로 초대하시기 위해서입니다. 생각 좀 해 보라는 말씀입니다. 그렇습니다. 하나님의 물음에 뭐라도 답하려면 우리는 잠시 멈추고 생각해야 합니다. 모든 것을 멈추고 사유와 성찰의 자리로 가면 우리는 알게 됩니다. 내 안에 답이 없다는 것을. 하나님의 물음에 드릴 답이 내 안에는 없다는 것을 알게 됩니다.

'어디서 와서 어디로 가느냐'라는 하나님의 물음에 하갈은 '내 여주인 사래를 피해 도망하여 나오는 길'이라고 답합니다. 하갈은 그렇게밖에 답할 수 없습니다. 사래를 피해 도망쳐 나왔다는 것만 확실할 뿐 그다음은 자신도 모릅니다. 그다음을 생각했더라면 아마도 나오지 못했을 것입니다. 하갈의 답변은 어디서 와서 어디로 가느냐는 하나님의 물음에 반쪽짜

리 답입니다.

하나님은 지금 하갈을 통해 우리에게 묻고 계십니다. 너희는 어디서 와서 어디로 가고 있느냐. 우리는 하나님의 물음에 어떻게 답할 수 있을까요? 우리는 과연 어디서 와서 어디로 가고 있는 것일까요? 이 물음에 대해 그 어떤 인류도 답할 수 없습니다.

우리는 도대체 어디서 왔을까

이 세상 그 어디에도 없던 아가가 태어나 우리 곁에 올 때면 요 녀석은 과연 어디 있다가 온 녀석일까 하는 경이로운 마음으로 보게 됩니다. 작은 손과 발, 새까만 눈동자, 오물거리는 작은 입, 생명으로 가득 찬 이 작은 사람은 도대체 어디서 온 것일까, 이 땅에 나타난 새로운 존재가 주는 경이로움에 빠져듭니다. 또한 자신의 한 삶을 다 살고 이 땅을 떠나는 사람들을 보낼 때면 이분들은 도대체 어디로 가는 걸까, 우리는 아픈 공허함으로 가득하게 됩니다.

하루라는 길이만큼 어디론가 옮겨져 가는 우리들입니다. 때로는 분주히 때로는 느긋하게, 때로는 요란하게 때로는 차분하게 하루하루를 떠나보냅니다. 내일을 향해 간다고는 하지만 그 내일은 끝내 우리가 도착하지 못할 시간입니다. 내일을 만나러 간다고 가지만 그 내일은 다시 저만치 도망쳐 버립니다. 수많은 오늘들은 도대체 어디로 간 것일까요. 하루하루가 내 몸을 통과한 것인지 내가 하루하루를 통과해 온 것인지, 아니면 하루하루가 내 몸에 누적된 것인지 도무지 알 수가 없습니다. 우리는 도대체 어디서 왔으며 또 어디로 가는 존재일까요? 내일이라는 시간도 만나지 못한 채 오늘 안에서만 존재하는 우리는 과연 어디로 가는 것일까요? 공간으로 생각해 보아도 그렇습니다. 더 넓은 공간, 더 쾌적한 공간을 향해 부지런히 가지만 이 땅에서 우리를 품어줄 마지막 공간은 결국 무덤입니다. 예외 없이 만나는 수순입니다. 우리는 과연 어디서 왔으며, 또 어디로 향해 가고 있는 것일까요?

만드신 이가 있는 우리

　이 세상 어느 누구도 자신의 의사로, 자신의 의지로 존재한 사람은 없습니다. 철학자 하이데거(M. Heidegger)는 이를 피투성(thrownness, 被投性)이라는 용어로 설명합니다. 모든 인류는 이 땅에 던져진 존재라는 것입니다. 본인의 의사와 무관하게 '있음'의 자리로 왔다는 것입니다. 하이데거가 말하는 피투성은 그저 현상만을 말해줍니다. 성경은 우리의 '있게 됨'은 모두 하나님에 의한 것이라고 말합니다. 하이데거가 말하는 '피투성(던져진 존재)'에서 던진 이가 하나님이 되는 셈입니다. 성경은 우리가 하나님에 의해 존재하기 시작했다고 명백히 말합니다. '빛이 있으라' 해서 빛이 있은 것처럼, 사람 역시 하나님의 존재 명령으로 존재하기 시작했습니다. 성경은 모든 '있음'이 그렇게 시작되었다고 말합니다. 우리 존재의 시작에 대해 창세기는 이렇게 말합니다.

창세기 2:7
주 하나님이 땅의 흙으로 사람을 지으시고, 그의 코에 생명의 기운을 불어넣으시니, 사람이 생명체가 되었다.

우리는 하나님으로부터 온 존재입니다. 하나님의 계획 안에서 하나님의 디자인으로 존재하게 되었습니다. 하나님이 친히 흙으로 사람을 빚으시고 그 코에 생명의 기운을 불어넣음으로 사람은 생명체가 되었습니다. 하나님은 하나님의 숨을, 다시 말해 하나님의 것을 사람에게 불어 넣으셨습니다. 사람에게는 하나님의 형상이 들어 있습니다. 친히 허리를 구푸리고 엎드려 사람의 코에 생기를 불어넣으신 하나님, 당신의 형상대로 지으시고 당신의 숨을 우리에게 주신 하나님, 그분이 바로 우리의 아버지이십니다.

창세기 2:19a
주 하나님이 들의 모든 짐승과 공중의 모든 새를 흙으로 빚어서 만드시고

하나님은 모든 짐승과 공중의 모든 새도 흙으로 빚으셨습니다. 다른 피조물은 말씀만으로 창조하신 것에 비해 사람과 짐승에게 더 정성을 들

이셨습니다. 사람만큼이나 동물이 귀한 이유입니다. 사람과 동물의 차이는 하나님의 숨이 우리에게 있다는 것, 우리는 하나님의 형상대로 지음받았다는 것, 바로 그것입니다. 내 안에 하나님의 형상이 있음을 알지 못하는 사람, 하나님을 아버지로 알지 못하는 사람, 하나님의 숨으로 살지 않는 사람은 언제든 짐승과 다를 바 없는 존재가 될 수 있습니다. 짐승 같은 사람, 짐승만도 못한 사람이 가능한 겁니다.

우리는 어디로 가는 것일까

하나님이 만드신 우리는 이 땅의 삶을 마치고 어디로 가게 될까요? 하나님이 친히 흙으로 빚으신 사람도 동물도 그 몸뚱이는 모두 흙으로 돌아갈 것입니다.

> **창세기 3:19**
> 너는 흙에서 나왔으니, 흙으로 돌아갈 것이다. 그 때까지, 너는 얼굴에 땀을 흘려야 낟알을 먹을 수 있을 것이다. 너는 흙이니, 흙으로 돌아갈 것이다.

『인간현상』을 쓴 프랑스의 고생물학자이자 예수회 신부였던 테이야르 드 샤르댕(Teilhard de Chardin) 신부는 이런 기도문을 남겼습니다.

> 몸에 하나둘 나이 먹은 흔적이 생길 때 - 그리고 이 흔적들이 내 마음을 흔들어 놓을 때, 나를 조금씩 움츠러들게 하고 쇠약하게 하는 질병이 몸 안팎에서 생겨 날 때, 나도 병들고 늙어 간다는 사실을 문득 깨달으며 두려움 속에 빠져들 때, 그리고 무엇보다도 나를 만들어 왔던 알지 못하는 위대한 힘들의 손길 안에서 자신을 잃어 가고 있으며 속수무책으로 당할 수밖에 없다는 것을 마침내 느낄 때 - 이 모든 암울한 순간에 오, 하나님 저로 하여금 알게 하소서. 그 모든 것은 바로 하나님께서 제 존재의 중심으로 들어와 저를 하나님께로 데리고 가기 위해 저를 조금씩 분해시키는 과정임을. 그 과정에서 하나님께서도 저 만큼이나 아파하고 계시다는 것을![13]

사람의 육체는 성장의 정점을 찍은 후 서서히 분해와 해체의 과정으로 들어갑니다. 탄생과 함께 성장의 과정을 지나 어느 지점을 지나면 쇠함의 시간으로 들어갑니다. 우리의 육신은 해체를 통해 흙으로 돌아갈 것입니다. 그렇게 우리는 '있음'에서 '없음'으로 들어갈 것입니다.

우리는 죽음이라는 형태로 이 땅을 떠납니다. 우리의 삶이라는 것은 결국 죽음을 향해 갑니다. 그렇습니다. 태어난 순간부터 우리는 모두 죽음을 향해 갑니다. 그렇다면 죽음 이후에는 '나'라는 고유한 존재는 과연

---

13) 김영봉, 『사귐의 기도』 (서울: Ivp, 2004), 572.

어디로 가는 것일까요? 이에 대해 어느 누구도 알 수 없습니다.

이 세상에서 자신이 어디서 왔고 어디로 가는지 아는 존재는 예수 그리스도, 그분이 유일합니다. 예수 그리스도는 자신이 어디서 와서 어디로 가는지 아셨습니다. 보내신 분에 대해 줄곧 말씀하셨고(요7:28b-29; 요7:33-34), 있던 곳으로 가신다고도 하셨고(요6:62), 가야 할 곳과 가야 할 때를 아셨습니다(요13:1).

> **요한복음 7:28b-29**
> 나를 보내신 분은 참되시다. 너희는 그분을 알지 못하지만, 나는 그분을 안다. 나는 그분에게서 왔고, 그분은 나를 보내셨기 때문이다.

> **요한복음 7:33-34**
> 예수께서 그들에게 말씀하셨다. "나는 잠시 동안 너희와 함께 있다가, 나를 보내신 분께로 간다. 그러면 너희가 나를 찾아도 만나지 못할 것이요, 내가 있는 곳에 너희가 올 수도 없을 것이다."

> **요한복음 6:62**
> 인자가 전에 있던 곳으로 올라가는 것을 보면, 어떻게 하겠느냐?

> **요한복음 13:1**
> 유월절 전에 예수께서는, 자기가 이 세상을 떠나서 아버지께로 가야 할 때가

된 것을 아시고, 세상에 있는 자기의 사람들을 사랑하시되, 끝까지 사랑하셨다.

어디서 와서 어디로 가는지를 선명히 알고 말할 수 있는 분은 예수 그리스도 한 분뿐입니다. 우리가 어디서 와서 어디로 가는지는 우리로서는 도무지 알 수가 없습니다. 하나님은 삶과 죽음의 경계를 선명하게 구분해 놓으셨습니다. 어느 누구도 죽음 이후를 알 수 없습니다. 우리는 그저 그것을 아는 예수 안에 거하는 것으로 우리가 어디로 가는지를 조금씩 희미하게 상상할 뿐입니다.

사래의 여종 하갈아, 돌아가라

여주인 사래를 피해 도망하는 길이라는 하갈에게 하나님의 사자가 말합니다. '네 여주인에게 돌아가서 그에게 복종하며 살아라.' 힘들어서 나왔는데 다시 그 자리로 돌아가라니, 하나님도 너무하십니다. 복수해 주마, 네 억울함을 갚아주마 하셔도 모자랄 판에 다시 돌아가서 복종하며 살라니, 방금 뛰쳐나온 그 자리가 바로 내 자리라니. 하나님은 왜 그러시는 걸까요?

하나님은 임신한 여인이 광야에서 살아갈 수 없음을 아시고 다시 기존 체제 가운데로 돌려보내시는 겁니다. 하나님의 사자는 이어 내가 네게 많은 자손을 주시겠다며 뱃속의 아들의 이름도 지어주십니다. 그 이름은 하나님이 들으셨다는 의미의 '이스마엘'. 하나님이 하갈의 고통을 들어주셨음을 그 이름 속에 명토 박아두십니다.

> **창세기 16:11**
> 주님의 천사가 그에게 또 일렀다. "너는 임신한 몸이다. 아들을 낳게 될 터이니, 그의 이름을 이스마엘이라고 하여라. 네가 고통 가운데서 부르짖는 소리를 주님께서 들으셨기 때문이다."

하갈은 그렇게 광야에서 하나님을 경험합니다. 하나님의 사자를 만나고 태중의 아기를 향한 하나님의 계획을 듣고 나니 다시 사래의 수하로 돌아갈 용기가 생깁니다. 아기를 위해 돌아가기로 합니다. 뱃속의 아기 때문에 나오게 되었는데 바로 그 아기 때문에 다시 돌아갑니다.

아브람과 사래의 하나님인 줄로만 알았는데 하나님은 애굽의 여종 하갈의 하나님이 되어주십니다. 한낱 씨받이에 불과한 줄 알았는데 아브람 부부의 들러리로 그칠 줄 알았는데 하나님은 하갈을 만나주시고 그를 새롭게 하십니다. 하갈은 하나님의 사자를 대면한 후 하나님을 찬양하며 하나님을 만난 그 샘의 이름을 지어 기념합니다. 감찰하시는 하나님보시는 하나님이라는 의미로 '브엘라해로이'(באר לחי ראי)로 이름 붙입니다.

창세기 16:13-14
하갈은 "내가 여기에서 나를 보시는 하나님을 뵙고도, 이렇게 살아서, 겪은 일을 말할 수 있다니!" 하면서, 자기에게 말씀하신 주님을 "보시는 하나님"이라고 이름지어서 불렀다. 그래서 그 샘 이름도 브엘라해로이라고 지어서 부르게 되었다. 그 샘은 지금도 가데스와 베렛 사이에 그대로 있다.

하갈은 성경에서 자신이 만난 하나님을 기념하며 하나님을 자기 방식으로 부르고 장소에 이름까지 붙인 유일한 여인입니다.

다시 광야에서 눈물을 흘리는 하갈

하갈은 용기 내어 다시 사래의 수하로 들어갑니다. 광야에서 있었던 일을 아브람과 사래 부부에게 모두 말합니다. 아들을 낳고 이름을 이스마엘이라 짓습니다. 모든 생명이 그렇듯이 생명이 주는 힘은 언제나 놀랍습니다. 종의 아이여도 마찬가지입니다. 아브람의 집안은 아이로 인해 웃음이 끊이지 않습니다. 이스마엘이 사랑을 받으니 하갈도 한시름 놓고 삽니다. 아이는 무럭무럭 자랍니다. 사래와도 그냥저냥 지낼 만 해졌습니다. 그러던 어느 날 주인 부부의 이름이 사래에서 사라로, 아브람에서 아브라함으로 바뀌더니 집안의 모든 남자들이 할례를 받습니다. 그리고는 얼마 후 여주인 사라가 아기를 갖게 되었습니다. 기적 같은 일이 일어난 것입니다. 아이의 이름은 이삭.

　이삭이 젖을 뗀 것을 기뻐하며 큰 잔치가 있던 날, 이스마엘이 뭔가 잘못을 했는지 사라의 심기를 매우 불편하게 했나봅니다. 그 일로 사라는 마치 기다렸다는 듯이 하갈과 이스마엘을 내쫓으려 합니다. 사라의 성화가 발단이 되었지만 아브라함은 근심 끝에 하나님께로부터 답을 듣고는 하갈과 이스마엘을 집에서 내보냅니다.

창세기 21:12-13
하나님이 그에게 말씀하셨다. "그 아들과 그 어머니인 여종의 일로 너무 걱정하지 말아라. 이삭에게서 태어나는 사람이 너의 씨가 될 것이니, 사라가 너에게 말한 대로 다 들어 주어라. 그러나 여종에게서 난 아들도 너의 씨니, 그 아들은 그 아들대로, 내가 한 민족이 되게 하겠다."

임신한 몸으로 홀로 광야를 헤매던 십수 년 전과 너무도 똑같은 상황입니다. 달라진 것이라고는 그때 뱃속에 있던 아이가 어느새 자라 곁에 있다는 것, 그래서 그 때는 홀로 울었고 지금은 아이와 함께 울고 있다는 것뿐입니다. 아이가 뱃속에 있을 때 잠시 대접 받았지만 다시 제자리, 아니 제자리보다 더 안 좋은 자리로 왔습니다. 하갈이 웁니다. 선택하지 않았지만 그 선택하지 않음 속에서 이뤄진 선택적 태도가 그를 비참하게 합니다. 그때 분명히 나와 내 아이를 돌봐주시겠다고 하신 그 하나님은 지금 어디 계신 것인지 그저 눈물만 나올 뿐입니다. 하갈은 아이와 떨어져서 한탄하고 있습니다.

소리내어 울고 있는 엄마 하갈에게 하나님의 음성이 들려옵니다. 그때 광야에서 들었던 바로 그 음성입니다. 그때는 하갈의 울음소리를 들으신 하나님께서 이번에는 이스마엘의 울음소리를 들으셨습니다.

창세기 21:17
하나님이, 그 아이가 우는 소리를 들으셨다. 하늘에서 하나님의 천사가 하갈을 부르며 말하였다. "하갈아, 어찌 된 일이냐? 무서워하지 말아라. 아이가 저기에 누워서 우는 저 소리를 하나님이 들으셨다."

작가 이승우는 『사랑이 한 일』에서 하갈의 눈물에 대해 이렇게 묘사합니다.

> 땅의 신음소리는 하늘에서 가장 큰 소리. 못 들을 수 없다. 외로움과 고통 속에서 숱하게 내보냈던, 언어가 되지 못한, 될 수 없었던 신음소리를 그분이 친히 듣고 있었다는 말이 그녀의 내부에 소용돌이를 만들었다. 들었습니까. 당신이? 그녀는 터져 나오는 울음을 주체할 수 없어서 울었다. 몸속의 모든 물이 눈물이 되어 쏟아졌다.[14]

다시 하나님의 음성을 듣게 된 하갈은 더 크게 웁니다. 서러움과 억울함의 눈물이 감사의 눈물이 됩니다. 하나님은 눈물 가득한 하갈의 눈을 밝히시어 샘을 보게 하십니다. 수치가 될 뻔한 인생, 토사구팽으로 그칠 수 있는 삶이었지만 하나님이 찾아오셔서 하갈을 돌봐주십니다. 브엘라해로이에서 약속하신대로 이스마엘을 돌보십니다. 이스마엘에게도 임마누엘(Immanuel, 하나님이 우리와 함께 계시다) 하나님이 되어주십니다.

---

[14] 이승우, 『사랑이 한 일』 (서울: 문학동네, 2020), 71.

지독한 고독의 자리, 처연한 눈물의 자리에서 우리는 생각하게 됩니다. 나는 어디서 와서 어디로 가고 있는 것일까? 지금 나는 어디쯤 와 있는 것일까? 기댈 곳 하나 없는 순간, 나는 지금 어디로 가는 것일까? 라는 생각을 하게 되는 것은 하나님이 그 시간 우리에게 찾아와서 우리 내면의 소리로 묻고 있기 때문입니다. 주어진 삶을 치열하게 살아가다가 만나게 되는 존재론적 물음, 불쑥 찾아오는 그 물음이 우리를 멈추게 하고 흔들어 깨웁니다. 실존적 사색을 하는 사람은 반드시 나는 어디서 와서 어디로 가는 것일까, 라는 물음을 만나게 되고, 이 물음을 가진 자는 반드시 하나님의 말씀 앞에 서게 됩니다.

우는 이스마엘, 이스마엘을 보며 우는 하갈. 그의 애끓는 울음을 멈추게 하는 하나님의 음성이 지금도 들리는 듯합니다-네가 어디서 와서 어디로 가느냐.

3. 라헬의 눈물, 어느 누구도 위로할 수 없는 슬픔

예레미야 31:15-17
"나 주가 말한다. 라마에서 슬픈 소리가 들린다. 비통하게 울부짖는 소리가 들린다. 라헬이 자식을 잃고 울고 있다. 자식들이 없어졌으니, 위로를 받기조차 거절하는구나. 나 주가 말한다. 이제는 울음소리도 그치고, 네 눈에서 눈물도 거두어라. 네가 수고한 보람이 있어서, 네 아들딸들이 적국에서 돌아온다. 나 주의 말이다. 너의 앞날에는 희망이 있다. 네 아들딸들이 고향 땅으로 돌아온다. 나 주의 말이다."

사람들은 상실의 고통을 가진 사람들에게, 깊은 슬픔을 안고 사는 사람들에게 이름을 붙여주었습니다. 부모를 잃은 아이에게는 고아(孤兒)라는 이름을, 아내를 잃은 남자에게는 홀아비라는 이름을, 그리고 남편을 잃은 여자에게는 과부(寡婦)라는 이름을 붙여주었습니다. 그들 안의 슬픔이 그들의 정체성의 일부가 되어버린 것입니다. 사랑의 관계를 잃은 사람들의 슬픔에 이름을 붙여주는데 유독 자녀를 잃은 부모에게는 아무런 이름이 없습니다. 왜 그런 것일까요? 자녀를 잃은 부모의 고통은 도무지 가늠이 안 되기에 어느 누구도 이름을 붙일 수 없었다는 글을 어디선가 읽은 기억이 있습니다. 절로 고개가 끄덕여집니다. 어느 누가 자녀를 잃은 부모에게 이름을 붙일 수 있겠습니까? 다만 자녀가 부모나 조부모보다 먼저 죽는 것을 나타내는 한자어 단어는 있습니다. 참척(慘慽)이라는 단어입니다. 참혹할 참(慘), 슬퍼할 척(慽), 참혹한 슬픔. 성경에도 참척의 슬픔을 나타내는 표현이 있습니다. 바로 '라헬의 애통'입니다.

 라헬은 야곱의 아내입니다. 야곱에게는 네 명의 아내가 있었지만 라헬을 향한 야곱의 사랑은 각별했습니다. 둘의 만남은 이렇게 시작됩니다. 야곱이 형 에서의 분노를 피해 외삼촌 라반의 집으로 피신해 갈 때의 일입니다. 야곱은 (아버지 집이 있는) 브엘세바에서 (삼촌 라반이 사는) 하란까지 약 800km를 걸어갑니다. 지친 몸을 이끌고 하란의 한 우물가에 도착한 야곱은 사람들에게 삼촌 라반에 대해 묻고 있었습니다. 그때, 마침 라반의 둘째 딸 라헬이 아버지의 양을 몰고 그 우물가로 옵니다. 야곱은 라헬이 외삼촌 라반의 딸이라는 것을 확인하고는 반가움에 입을 맞추고 는 소리내어 웁니다(창29:11). 먼 길 오느라 지친 야곱은 제대로 찾아왔다는 안도감에, 드디어 쉴 수 있으리라는 반가움에 울음이 터져 나옵니다. 모든 것이 낯설었을 야곱은 라헬과 함께 삼촌 라반의 집으로 향합니다.

라헬을 사랑하게 된 야곱은 라헬과 결혼하는 조건으로 삼촌 라반을 위해 7년을 일합니다. 라헬을 얼마나 사랑했는지 7년을 며칠 같이 느끼며 일합니다.

> **창세기 29:20**
> 야곱이 라헬을 위하여 칠 년 동안 라반을 섬겼으나 그를 사랑하는 까닭에 칠 년을 며칠 같이 여겼더라 (개역개정)

그렇게도 사랑하는 라헬과 결혼하는 날, 야곱은 삼촌 라반에게 속아 라헬이 아닌 언니 레아와 첫날밤을 보내게 됩니다. 야곱은 굴하지 않고 라헬과의 결혼을 위해 다시 7년을 일합니다(창29:30). 그러니까 라헬과 결혼하기 위해 꼬박 14년을 바친 것입니다. 라헬은 그렇게 해서 얻은 아내입니다.

　라헬은 야곱의 사랑을 받았지만 아이가 생기지 않았습니다. 언니 레아가 야곱에게서 아이 넷(르우벤, 시므온, 레위, 유다)을 낳을 때까지도, 두 여종 빌하와 실바가 야곱의 아이를 각각 두 명씩(단, 납달리, 갓, 아셀) 낳을 때까지도, 다시 레아가 두 명의 아들(잇사갈, 스불론)과 한 명의 딸(디나)을 더 낳을 때까지도 라헬의 태는 열리지 않았습니다. 평생 나는 어머니가 되지 못하나 보다, 나는 야곱의 아이를 낳을 수 없나 보다 포기할 무렵이지 않았을까 싶습니다. 하나님께서 라헬을 생각하시고 그의 소원을 들어주십니다(창30:22). 그렇게 낳은 아이가 요셉입니다. 그렇게도 기다렸던 둘 사이의 아이입니다. 요셉의 이름의 뜻은 '더함'입니다. 하나님께서 다른 아들을 더 주시기를 원하는 마음으로 지은 이름입니다(창30:24). 자신의 출산이 요셉으로 끝나지 않기를 원했던 라헬에게 소망대로 한 명의 아이가 더 생깁니다. 하지만 라헬은 그 아이를 낳다가 죽습니다.

창세기 35:17-19
아이를 낳느라고 산고에 시달리는데, 산파가 라헬에게 말하였다. "두려워하지 마셔요. 또 아들을 낳으셨어요." 그러나 산모는 숨을 거두고 있었다. 산모는 마지막 숨을 거두면서, 자기가 낳은 아들의 이름을 베노니라고 하였다. 그러나 그 아이의 아버지는 아들의 이름을 베냐민이라고 하였다. 라헬이 죽으니, 사람들은 그를 에브랏 곧 베들레헴으로 가는 길 가에다가 묻었다.

그렇게도 바라던 또 한 명의 아이였지만 라헬은 그 아이를 낳고 죽습니다. 라헬의 마음이 얼마나 슬펐는지 아이의 이름을 베노니-'슬픔의 아들'이라고 이름을 짓고 숨을 거둡니다. 슬픔의 아들. 앞으로 엄마 없이 살아가야 할 아들에 대한 안타까움이었을까요? 아들을 두고 떠나야 하는 자신의 처지에 대한 슬픔이었을까요? 라헬은 아들의 이름으로는 선뜻 짓기 어려운 불편한 이름을 지어주고 떠납니다. 야곱도 그 이름이 불편했는지 그 이름을 베냐민-'오른손의 아들'로 바꿉니다. 라헬은 두 명의 아이를 낳고 그렇게 세상을 떠납니다. 그 이후 라헬은 성경에서 잊혀지는 듯했습니다. 그저 야곱의 마음속에, 그리고 요셉과 베냐민의 마음속에 사는 것으로 그치는 것 같았습니다. 그런 라헬을 하나님이 예레미야를 통해 소환하십니다.

예레미야 31:15
"나 주가 말한다. 라마에서 슬픈 소리가 들린다. 비통하게 울부짖는 소리가 들린다. 라헬이 자식을 잃고 울고 있다. 자식들이 없어졌으니, 위로를 받기조차 거절하는구나."

하나님의 진노와 이스라엘의 패망, 그리고 하나님께서 친히 이루실 회복에 대해 전하던 예레미야가 갑자기 라헬의 슬픔을 꺼내 듭니다. 라마에서 들려오는 슬픈 소리, 비통하게 울부짖는 소리, 자식을 잃은 라헬의 비명 같은 울음을 꺼내 듭니다. 라마는 라헬의 묘실이 있는 곳입니다(삼상10:2). 또한 라마는 유다 백성이 바벨론 포로로 끌려갈 때 집결지였던 곳입니다(렘40:1). 예레미야서가 말하는 라헬의 통곡은 포로로 끌려가는 자녀를 향한 애통입니다. 예레미야서는 바벨론 포로로 끌려가는 유다 백성을 향한 하나님의 아픔을 라헬의 애끓는 슬픔으로 이야기합니다.

그렇습니다. 성경은 유다의 멸망에 대한 하나님의 슬픔을 라헬의 슬픔을 빌려 드러냅니다. 라헬은 오랜 시간 자녀가 없어서 슬펐던 여인입니다. 남편의 사랑을 받았지만 그것과는 별개의 슬픔입니다. 어쩌면 남편의 사랑을 많이 받았기에 도리어 더 슬펐을지도 모르겠습니다. 그런 라헬에게 찾아온 첫째 아들 요셉은 그간의 슬픔을 모두 잊게 하고도 남음이 있는 아들입니다. 온 세상을 다 가진 것 같은 기쁨을 준 아들입니다. 둘째 아들 베냐민은 라헬 자신의 목숨과 맞바꾸게 된 아들입니다. 둘째 아들은 라헬에게 슬픔 그 자체였습니다. 요셉과 베냐민을 더 사랑해 줄 수 없는 슬픔, 주고픈 사랑이 아직도 많은데 떠나야 하는 어머니 라헬의 슬픔은 그 어느 것과도 비할 길 없는 슬픔입니다. 라헬은 자식이 없을 때는 자식이 없어서 슬펐고, 자식이 생긴 후에는 자식보다 먼저 가야 해서 슬펐습니다. 라헬의 모든 슬픔은 자식과 연관된 슬픔입니다. 하나님의 슬픔이 모두 우리와 연결되어 있는 것처럼 말입니다.

　라헬의 두 아들 요셉과 베냐민은 이스라엘 역사에서 차지하는 비중이 큽니다. 이 둘로 부터 나온 지파들(요셉지파(므낫세지파-에브라임지파), 베냐민지파)은 솔로몬 이후 남유다와 북이스라엘로 나뉠 때 각각 핵심적 역할을 합니다. 북이스라엘은 에브라임 지파를 중심으로 열지파가 모입니다. 남유다에는 유다 지파 외에 유일하게 베냐민 지파만이 함께 합니다. 북이스라엘에서는 에브라임 지파가, 남유다에서는 베냐민 지파가 도드라집니다. 에브라임과 베냐민은 라헬로부터 나온 자손들입니다. 그래서 예레미야서는 라헬을 남유다와 북이스라엘의 어머니로 소환한 것입니다. 하나님의 백성의 쇠락, 멸망, 상실, 그 모든 것은 하나님의 고통입니다. 북이스라엘과 남유다의 멸망을 바라보는 하나님의 슬픔, 그 극심한 고통을 나누기에는 라헬만큼 적합한 인물이 없었던 것입니다.

아기 예수, 피바람을 몰고 이 땅에 오시다

라헬의 애통은 구약 예레미야서로 끝나지 않습니다. 신약의 마태복음은 말씀의 성취라고 선명히 말하며 라헬의 애통을 다시 소환합니다.

마태복음 2:17-18
이리하여 예언자 예레미야를 시켜서 하신 말씀이 이루어졌다. "라마에서 소리가 들려왔다. 울부짖으며, 크게 슬피 우는 소리다. 라헬이 자식들을 잃고 우는데, 자식들이 없어졌으므로, 위로를 받으려 하지 않았다."

예수께서 이 땅에 오실 때 이스라엘에는 피바람이 불었습니다. 동방에서부터 별을 따라온 박사들이 예루살렘에 나타납니다. 그들은 헤롯왕에게 유대인의 왕으로 나신 이가 어디 계시냐며 그를 경배하러 왔다며 도움을 청합니다. 이들의 등장은 예루살렘을 흔들어 놓기에 충분했습니다. '유대인의 왕이 태어났다고?', '나 말고 또 다른 왕이 있다고?' 당시 분봉왕인 헤롯의 심기가 편할 리 없습니다. 그렇지 않아도 유대인들이 자기들의 메시아가 오네, 안 오네 한다는 것을 알고 있던 헤롯입니다. 헤롯은 대제사장과 서기관들을 불러 그리스도가 어디서 태어나는지, 혹 알고 있는 게 있는지 묻습니다.

> **마태복음 2:4-6**
> 왕은 백성의 대제사장들과 율법 교사들을 다 모아 놓고서, 그리스도가 어디에서 태어나실지를 그들에게 물어 보았다. 그들이 왕에게 말하였다. "유대 베들레헴입니다. 예언자가 이렇게 기록하여 놓았습니다. '너 유대 땅에 있는 베들레헴아, 너는 유대 고을 가운데서 아주 작지가 않다. 너에게서 통치자가 나올 것이니, 그가 내 백성 이스라엘을 다스릴 것이다.'"

대제사장과 서기관들은 미가서의 말씀으로 베들레헴 지역을 언급합니다.

미가 5:2
"그러나 너 베들레헴 에브라다야, 너는 유다의 여러 족속 가운데서 작은 족속이지만, 이스라엘을 다스릴 자가 네게서 내게로 나올 것이다. 그의 기원은 아득한 옛날, 태초에까지 거슬러 올라간다."

헤롯은 동방에서 온 박사들에게 베들레헴으로 가보라고 합니다. 아기를 찾으면 알려달라고 그러면 자기도 그를 경배하겠노라고 말합니다. 물론 아기를 경배하겠다는 말은 새빨간 거짓말입니다. 동방박사들은 별의 인도로 베들레헴에서 아기 예수를 만납니다. 그들은 예수를 경배한 후 주의 인도하심에 따라 헤롯에게 가지 않고 다른 경로로 고국으로 돌아갑니다. 동방박사들이 자신에게 들르지 않고 돌아갔다는 사실을 알게 된 헤롯은 몹시 분노합니다. 그리고는 노기 어린 말로 명령합니다-'베들레헴과 그 일대에 있는 두 살 아래 유대인 남자 아이를 모두 죽여라.' 유대인의 왕이고 뭐고 애초에 싹을 잘라 버리겠다는 것입니다.

성경은 헤롯의 만행을 들려준 후에 예레미야가 말한 라헬의 통곡, 라헬의 애곡을 언급합니다. 라마에서부터 들려오는 어미 라헬의 울음소리를 다시 소환합니다. 창세기는 라헬이 에브랏, 곧 베들레헴 가는 길에 묻했다고 분명히 밝힙니다(창35:19). 미가가 말한 이스라엘을 다스리는 자가 나올 그 작은 마을 베들레헴 에브라다(미5:2)가 바로 라헬이 묻힌 에브랏입니다. 라헬은 베들레헴 지경에서 아들을 낳고 죽었습니다. 그 베들레헴에서 아기 예수가 태어날 때 아기들이 죽습니다. 베들레헴에서 들려오는 라헬들의 통곡이 이스라엘 역사에 메아리쳐 옵니다. 신약의 라헬들은 이제 그 마음에 '베노니-슬픔의 아들'을 안고 살아가게 됩니다.

마태복음은 이를 예언의 성취라고 말합니다. 성경의 모든 예언은 예수 그리스도를 향합니다. 하나님의 아들 예수는 이 땅에 십자가를 지러 오셨습니다. 사람의 모습으로 오시어 한 여인의 자궁에서 열 달을 채우시고 아기로 태어나십니다. 영유아기를 거쳐 유소년기, 그리고 청년기를 사십니다. 울고 웃으시고 아파하시고 기뻐하시며 이 땅에서 참 사람으로 또 참 신으로 사셨습니다. 그분의 모든 여정은 십자가를 향합니다. 예수는 하나님 아버지의 기뻐하는 아들인 동시에 십자가에서 죽게 될 슬픔의 아들입니다. 라헬의 애통은 다름 아닌 하나님의 슬픔입니다.

피바람 속에서 태어난 모세

구약에도 이와 유사한 사건이 있었습니다. 출애굽기의 시작에 기록된 사건입니다. 당시 애굽의 왕 바로는 이스라엘 민족의 수가 많아지자 두려웠습니다. 노예가 많은 것은 좋지만, 그것도 어느 정도지 이제는 그 수를 감당하기가 힘들 정도입니다. 만약 그중에서 걸출한 놈이라도 하나 나타난다면, 그래서 힘을 합쳐 무슨 일이라도 도모한다면…. 바로에게는 상상도 하기 싫은 끔찍한 일입니다. 바로의 두려움은 나름의 정책 두 가지를 낳습니다. 하나는 이스라엘 백성들에게 노동을 과중하게 부과하는 것입니다. 다른 생각은 못하도록, 오로지 생계형 삶을 겨우겨우 살아가도록 몰아붙이는 겁니다. 그리고 다른 하나는 유대인 남자아이를 죽여 유대인의 씨를 말리는 일입니다. 바로가 이렇게 무지막지한 정책을 펴고 있는 그 때에 모세가 태어납니다. 고단하기 짝이 없는 노예의 삶, 소망 없는 어둠의 시대, 제국주의 한가운데서 목숨 줄이 제국에 달려있는 그 때에 모세가 태어납니다. 히브리 노예가 낳은 아기의 목숨 정도는 파리 목숨으로 여기는 그런 시대에 모세가 태어납니다.

그렇습니다. 모세는 영아 학살이라는 상황 속에서 태어났고, 예수 그리스도는 영아 학살이라는 상황을 몰고 왔습니다. 구약의 영아 학살 사건은 신약의 영어 학살을 향합니다. 구약은 오실 예수에 대한 말씀, 신약은 오신 예수에 대한 말씀입니다. 성경은 모세라는 인물을 통해 예수께서 오실 때 어떤 일이 일어날지를 그림자로 보여줍니다. 모세도, 그리고 우리 주 예수 그리스도도 이 땅의 라헬들의 고통을 담보로 이 땅에 등장합니다. 이스라엘의 구원(출애굽)도, 인류의 구원도 그렇게 시작합니다.

예레미야가 소환한 라헬도, 그리고 말씀의 성취로 다시 등장한 마태복음의 라헬도 위로를 거부합니다. 생각해 보면 자녀를 잃은 사람에게 그 어떤 위로가 가닿겠습니까? 그 무엇도 위로가 되지 않습니다.

예레미야 31:15
나 야훼가 말한다. 라마에서 통곡 소리가 들린다. 애절한 울음소리가 들린다. 라헬이 자식을 잃고 울고 있구나. 그 눈앞에 아이들이 없어 위로하는 말이 하나도 귀에 들어가지 않는구나. (공동번역)

오래된 슬픔 오래갈 슬픔

　이 땅에는 라헬의 눈물이 끊이지 않습니다. 우리 대한민국은 라헬들의 비명과 애곡으로 가득 차 있습니다. 군사 독재 시대에 이유도 모르는 채 떠나보내야 했던 자녀들, 국가가 만든 희생양들, 어디 하소연 할 수도 없었던 시대의 우리들의 라헬들은 그 아픔으로 투사가 되기도 했습니다. 그 억울함과 서러움을 감당하지 못하고 시름시름 앓다가 자녀의 뒤를 따라가기도 했습니다. 1960년 4. 19 의거, 1980년 5. 18 광주 민주화 운동, 1999년 씨랜드 참사, 2010년 천안함 피격사건, 2014년 세월호 참사, 2022년 10. 29 이태원 참사, 각종 사고로 죽은 젊은 노동자들의 죽음, 세상에 알려지지도 못한 채 죽은 우리들의 아이들. 제국주의, 국가주의, 자본주의의 무서운 기세에 희생된 우리들의 아이들. 참척당한 라헬들의 슬픔을 어느 누가 위로할 수 있을까요?

　옛말에 '부모가 돌아가시면 산에 묻지만 자녀는 가슴에 묻는다'는 말이 있습니다. 지금은 고인이 된 희극인 송해 선생님은 오토바이 사고로 아들을 잃은 후 아들을 얼마나 그리워했는지 자신의 가슴을 파면 아들이 나올 것 같다고 말했습니다.

작가 박완서 선생님은 아들을 잃은 후 그 고통을 글로 썼습니다. 죽을 것 같은 마음을 꾹꾹 눌러 담아 『한 말씀만 하소서』라는 제목으로 엮어 냈습니다. 수시로 짐승처럼 치받는 통곡을 어찌할 수 없어 미친 듯이 끄적거린 것이라고 서문에서 밝힙니다.[15] 1988년에 아들을 잃은 그는 88올림픽을 앞두고 떠들썩한 세상을 보며 자신이 독재자라면 1988년 내내 아무도 웃지 못하게 하고 싶었답니다. 아무렇지 않게 돌아가는 세상을 향해 분노를 느낄 때 마다 신(神)을 죽였다고 그는 말합니다.

> 그저 만만한 건 신(神)이었다. 온종일 신을 죽였다. 일백 번 고쳐 죽여도 죽일 여지가 남아 있는 신, 증오의 마지막 극치인 살의(殺意), 내 살의를 위해서도 당신은 있어야 해.[16]

아들을 잃은 어미의 처절한 슬픔은 그렇게 분노와 포악이 되기도 합

---

15) 박완서, 『한 말씀만 하소서』(서울: 세계사, 2004), 9.

16) 같은 책 47.

니다. 신을 향해 쏟아내는 그 분노는 거칠고 사나워 보이나 나약하기 짝이 없는 가여운 포악함입니다.

라헬은 위로 받기를 거부합니다. 아니 그 어떤 말도 위로로 다가오지 않습니다. 라헬에게 가닿을 위로라면 오직 자녀를 잃은 자에게서만 나올 것입니다. 그래서, 그래서 말입니다. 아들 예수를 잃은 하나님이 친히 라헬을 위로하십니다. 아들 예수를 잃어본 하나님 아버지가 라헬의 고통을 모르실 리 없습니다. 하나님은 라헬의 아픔을 아십니다. 아시는 정도가 아닙니다. 좀 더 정확한 시선으로 본다면 이 땅의 라헬들은 하나님의 고통과 함께하는 사람들입니다. 하나님은 자신의 눈물을 라헬들을 통해 흘리십니다. 그렇습니다. 하나님은 지금도 자신의 눈물을 사람을 통해 흘리고 계십니다. 라헬들의 슬픔은 결국 하나님 아버지의 슬픔입니다.

라헬의 고통을 소환한 예레미야는 이어 하나님께서 회복시키실 테니 울음을 그치고 눈물을 거두라 말합니다.

예레미야 31:16-17
"나 주가 말한다. 이제는 울음소리도 그치고, 네 눈에서 눈물도 거두어라. 네가 수고한 보람이 있어서, 네 아들딸들이 적국에서 돌아온다. 나 주의 말이다. 너의 앞날에는 희망이 있다. 네 아들딸들이 고향 땅으로 돌아온다. 나 주의 말이다."

이 말씀은 단순히 이스라엘의 회복만을 말하는 것이 아닙니다. 인류의 회복에 대한 말씀입니다. 새로운 언약, 바로 예수 그리스도를 통한 회복과 구원에 대한 말씀입니다. 하나님은 라헬을 마냥 슬프게 두지 않으십니다. 슬픔이 깊었던 만큼 기쁨을 주십니다. 친히 그 모든 일을 행하십니다. 그렇습니다. 애통하는 자만이 받는 복이 있습니다.

저는 첫째 아이를 조산으로 잃었습니다. 임신 27주, 1.08kg, 남아. 그 아이에 대한 모든 것입니다. 지금이라면 살 수 있을지도 모르지만 지금으로부터 30년 전의 일입니다. 이틀을 버티고 이 땅을 떠났습니다. 그 후 2년 뒤 지금의 딸 아이를 낳으러 같은 병원에 갔을 때 젊은 의사분이 먼저 간 아이에 대해 물었습니다. 몇 주 때 일어난 일인지 몸무게는 얼마였는지. 제가 주저함 없이 곧장 답을 하자 정확히 기억하시네요, 라며 몹시 안쓰러운 표정으로 반응하셨습니다. 어떻게 잊을 수 있을까요? 27살의 어린 제가 겪은 그 고통을. 하나님 앞에서 내내 훌쩍거리던 가여운 저를 어떻게 잊을 수 있겠습니까? 지금도 마치 새끼 잃은 동물 마냥 동굴에서만 지내던 제 모습이 눈에 선합니다.

당시 저는 주일 예배를 드리는 것 외에는 아무것도 하지 않은 채 은둔형 외톨이처럼 집에만 처박혀 있었습니다. 집에서 한 것이라고는 욥기를 읽고 읽고 또 읽는 것이었습니다. 사실 무슨 내용인지도 모르겠고 그냥 읽었습니다. 읽을수록 욥은 욥이고 나는 나라는 생각, 그의 고통이 너무 커서 내 고통 나부랭이는 조롱당하는 것 같은 느낌만 들었습니다. 그때 욥기를 읽은 것은 실은 달리 무엇을 해야 할지 몰랐기 때문입니다. 그냥 성경을 읽는 것 말고는 아무것도 할 수 없었습니다. 한 달 정도 시간이 흘렀을까요? 하나님이 내 고통에 함께하셨다는 것을 알게 되었습니다. 병원에 있을 때 아이를 낳은 후 산후통이 있었습니다. 몸이 으슬으슬하고 소화도 안 되고 힘이 들었습니다. 그래도 걸어야 한다길래 병실에서 천천히 걷고 있는데 갑자기 하나님은 언제든 나를 데리고 가실 수 있는 분이라는 생각이 들었습니다. 그때 창조주의 크심에 대한 두려움이 몰려왔습니다.

홀로 있던 병실에 한 산모가 들어왔습니다. 그 산모도 첫 아이를 잃고 이번에 둘째 아이를 낳았답니다. 첫 아이를 건강하게 낳았는데 집에 가서 몸조리하는 중에 신생아를 남편이 업다가 거꾸로 떨어뜨려서 숨졌다는 겁니다. 너무도 끔찍한 이야기입니다. 얘기만 들어도 그 어린 엄마와 아빠가 얼마나 힘들었을지 눈물이 절로 났습니다. 그들의 이야기에 마음 아파하다가 알았습니다. 그 산모가 그 많고 많은 병원 중에 이 병원에서 아기를 낳은 것, 또 그 많은 병실 중에 저와 같은 병실로 오게 된 것이 결코 우연이 아니라는 것을. 하나님이 나를 위로해 주고 싶으셨구나, 하나님 아버지가 나를 너무나도 위로해 주고 싶으셨구나. 하나님이 나를 바라보며 울고 계셨구나. 한 달이 지나고서야 알게 되었습니다.

　하나님이 원하시는 만큼 위로가 되었는지는 모르겠지만 위로하고 싶으신 하나님의 그 마음이 큰 위로로 다가왔습니다. 나를 너무도 위로해 주고 싶으신 창조주. 위대하신 그분의 섬세함이 제게 큰 위로였습니다. 하나님은 여전히 다정한 하나님이셨습니다. 그 다정함에 또 울었습니다. 앞선 눈물은 고통의 눈물이었다면 이번 눈물은 감격과 감동의 눈물이었습니다. 하나님은 자녀를 잃은 모든 어미들을 위로하십니다. 기어이 함께 하십니다.

아기 예수는 라헬들의 고통을 담보로 이 땅에 오셨습니다. 성경은 우리에게 온 구원이 하나님의 고통을 담보로 한 구원임을 그렇게 들려줍니다. 우리에게 온 구원은 가벼운 구원이 아닙니다. 우리에게 온 은혜는 결코 값싼 은혜가 아닙니다. 이 땅에서 가장 큰 슬픔이 '자녀를 잃은 슬픔'인 것은 그 슬픔이 하나님의 슬픔을 담고 있기 때문입니다. 동서고금을 막론하고 참척당한 어미의 고통의 무게를 가늠할 수 없는 이유는 태초부터 내려온 하나님의 슬픔이기 때문입니다. 살아있는 자녀가 아무리 많아도 먼저 간 자녀를 죽을 때까지 잊을 수 없는 이유, 그렇게도 그 슬픔이 긴 이유는 그 슬픔이 하나님의 슬픔이기 때문입니다. 라헬의 슬픔은 오래된 슬픔이며 오래갈 슬픔입니다.

하나님은 친히 이 땅의 라헬을 위로하십니다. 그렇다면 하나님은 누가 위로해 드릴 수 있을까요? 하나님의 자녀인 우리가 하나님의 사랑을 알아드리고 계속 그 사랑을 알고 싶어 하고 그 사랑을 기뻐하며 살아간다면, 그것이 하나님께 위로가 될 것입니다. 하나님 없이도 살 수 있는 양 의

기양양하게 살아가는 사람을 보며 아파한다면, 영적 노예로 영적 포로로 살기를 자처하는 하나님의 자녀를 보며 슬퍼한다면, 피조물의 탄식을 들으며 애통해하며 살아간다면, 그렇게 하나님의 눈물을 흘리며 살아간다면, 우리의 그런 모습이 하나님께 위로가 될 것입니다. 그렇습니다. 이 땅에서 흘리는 우리들의 눈물이 하늘에 계신 아버지께 큰 위로가 될 것입니다. 우리에게 위로받으시는 하나님, 그분이 우리의 아버지이십니다.

4. 요셉의 눈물, 울고 울고 또 울고

창세기 45:1-5
요셉은 북받치는 감정을 억누르지 못하고, 자기의 모든 시종들 앞에서 그만 모두들 물러가라고 소리쳤다. 주위 사람들을 물러나게 하고, 요셉은 드디어 자기가 누구인지를 형제들에게 밝히고 나서
한참 동안 울었다. 그 울음소리가 어찌나 크던지 밖으로 물러난 이집트 사람들에게도 들리고, 바로의 궁에도 들렸다.
"내가 요셉입니다! 아버지께서 아직 살아 계시다고요?" 요셉이 형제들에게 이렇게 말하였으나, 놀란 형제들은 어리둥절하여, 요셉 앞에서 입이 얼어붙고 말았다.
"이리 가까이 오십시오"하고 요셉이 형제들에게 말하니, 그제야 그들이 요셉 앞으로 다가왔다. "내가, 형님들이 이집트로 팔아넘긴 그 아우입니다.
그러나 이제는 걱정하지 마십시오. 자책하지도 마십시오. 형님들이 나를 이곳에 팔아 넘기긴 하였습니다만, 그것은 하나님이, 형님들보다 앞서서 나를 여기에 보내셔서, 우리의 목숨을 살려 주시려고 그렇게 하신 것입니다."

애굽의 총리 사브낫바네아[17]가 웁니다. 야곱의 아들 요셉이 웁니다. 그 거친 세월을 이겨내고 애굽뿐 아니라 국제 사회에서도 인정받은 정치인 요셉이 꺼이꺼이 통곡합니다. 요셉의 눈물은 참으로 깊고 깊은 눈물입니다. 심령 깊은 곳에서 올라오는 맑고도 맑은 눈물입니다. 그의 울음은 오랜 그리움과 세월의 무게, 주마등처럼 스치는 아픈 기억의 용솟음이지만 그게 전부는 아닙니다. 인간의 유한함과 그 유한함과 함께 하는 연약함, 그 연약함과 함께 하는 사랑스러움을 본 자만이 울 수 있는 그런 울음입니다. 애굽 총리 요셉이 울고 울고 또 웁니다(창42:24; 43:30; 45:1-2; 45:14; 46:29; 50:10; 50:17). 그의 눈물은 시시각각 다른 눈물이지만 하나님의 마음과 잇닿았다는 점에서는 모두 같은 눈물입니다.

　애굽의 총리가 된 요셉 앞에 형들이 나타났습니다. 형들은 요셉을 알아보지 못합니다. 애굽의 총리 사브낫바네아를 보고 요셉을 떠올리기란 쉬운 일이 아닙니다. 형들과 요셉 사이에는 20여 년의 세월이 지나가 버린 터였습니다. 하지만 요셉은 형들을 단번에 알아봅니다. 요셉의 형들은 애굽 총리 사브낫바네아를 마주하고 있고, 요셉은 자기 인생의 숱한 고난

---

[17] 사브낫바네아를 히브리어로 보면 그 뜻은 '하나님이 말씀하시니 그가 살리라' 입니다. 이집트어로 보면 '비밀을 알려주는 지혜자'라는 의미를 가집니다. 애굽왕 바로가 지어준 이름이니 후자로 보는 것이 맞을 듯합니다.

의 방아쇠를 당겨준 형들을 마주하고 있습니다. 형들에게 요셉은 지금 제국의 권력자이고 요셉에게 형들은 마음 저리게 아픈 혈육입니다.

　요셉은 17세에 형제들의 손에 의해 미디안 상인들에게 팔린 후 우여곡절 끝에 30세에 애굽 총리가 되었습니다(창41:46). 총리가 된 후 풍년 7년을 보내고 이어 흉년이 시작된 지 2년이 되었으니 지금 요셉의 나이는 39세입니다(창45:6). 형들을 22년 만에 만난 것입니다. 22년 만에 만난 형제들이건만 요셉은 형들을 단번에 알아봅니다. 큰형 르우벤을 시작으로 시므온, 레위, 유다… 그리고 바로 위의 형 스불론까지. 모두 알아봅니다. 형들을 알아본 요셉이건만 그는 자신을 밝히지 않습니다. 그는 전혀 서두르지 않고 하나씩 하나씩 아픈 과거를 풀어갑니다.

요셉의 첫 번째 눈물: 드디어 죄를 죄로 아셨군요

요셉은 형들을 정탐꾼으로 몰아갑니다. 정탐꾼으로 몰린 형들은 자신들의 신분을 밝히기 위해 가족 이야기를 합니다. 자신들은 가나안의 한 사람의 아들들이고 막냇동생은 아버지와 함께 있고 한 명의 동생은 없어졌다고 묻지도 않은 말을 자세히 합니다. 요셉은 그런 형들에게 막냇동생을 데리고 오라고, 그러기 전에는 여기서 나갈 생각을 하지 말라고 합니다. 애굽으로 곡식을 얻으러 온 것뿐인데 졸지에 정탐꾼으로 몰립니다. 너무도 당혹스러운 상황 앞에서 요셉의 형들이 제일 먼저 한 것은 자신들의 잘못을 떠올린 것입니다. 떠올렸다기보다는 떠올랐다가 맞을 것입니다.

> **창세기 42:21-23**
> 그들이 서로 말하였다. "그렇다! 아우의 일로 벌을 받는 것이 분명하다! 아우가 우리에게 살려 달라고 애원할 때에, 그가 그렇게 괴로워하는 것을 보면서도, 우리가 아우의 애원을 들어 주지 않은 것 때문에, 우리가 이제 이런 괴로움을 당하는구나."
> 르우벤이 그들에게 대답하였다. "그러기에 내가 그 아이에게 못할 짓을 하는 죄를 짓지 말자고 하지 않더냐? 그런데도 너희는 나의 말을 들은 체도 하지 않았다! 이제 우리가 그 아이의 피값을 치르게 되었다."

그들은, 요셉이 통역을 세우고 말하였으므로, 자기들끼리 하는 말을 요셉이 알아듣는 줄은 전혀 알지 못하였다.

형들은 애굽의 총리 사브낫바네아가 당연히 히브리말을 못 알아들을 줄 알고 자기들끼리 이야기를 주고받습니다. 우리가 이런 곤경에 빠진 것은 그날 요셉의 일 때문이라고. 요셉이 그렇게 애원했건만 그 애원을 외면하고 팔아넘겨서 그 죄로 이렇게 괴로움을 당하는 것이라고 서로 말합니다. 요셉은 형들이 주고받는 이야기를 듣고는 그 자리를 떠나가서 웁니다. 요셉의 첫 번째 울음입니다.

요셉은 왜 형들의 말에 눈물이 난 것일까요? 요셉의 이 울음은 단순히 옛일이 떠올라서 우는 울음이 아닙니다. 형들이 미워서 우는 울음은 더더욱 아닙니다. 요셉은 형들이 갑작스레 맞닥뜨린 어려운 상황 속에서 자기들의 죄, 그러니까 요셉 자신을 팔아 버린 죄를 떠올린다는 것에 놀랍고 고마워 눈물이 난 것입니다. '아, 형들이 이제는 내게 한 일을 죄로 생각하고 있구나', '그때의 일을 후회하며 살았구나'. 그렇습니다. 요셉은 형들이 죄를 죄로 생각하고 있다는 것이 고맙고 감사합니다.

22년 전 그날, 아버지 심부름으로 형들을 찾아간 길이었습니다. 반가운 마음으로 형들에게 달려갔건만 형들은 반가워하기는커녕 무서운 얼굴로 아무렇지 않게 자신의 채색옷을 벗겼습니다. 그리고 아무렇지 않게 자신을 구덩이에 밀어 넣었고, 역시 아무렇지 않게 자신을 미디안 상인들에게 팔아넘겼습니다. 그랬던 형들이 그날 자신들이 한 일을 죄로 생각하고 있다는 것이 반갑고 고맙습니다. 형들의 달라진 모습을 보니 눈물이 절로 납니다.

요셉은 이미 형들을 용서했습니다. 그는 이미 그 상처에서 벗어났습니다. 요셉이 형들을 용서했다는 것은 그의 자녀의 이름을 통해 그대로 드러납니다. 요셉에게는 아들이 둘이 있습니다. 첫째는 므낫세, 둘째는 에브라임입니다. 므낫세는 잊게 하심, 에브라임은 창대하게 하심이라는 의미입니다. 요셉은 첫째 아들을 낳고는 '하나님께서 내 모든 고난과 내 아버지의 집에서의 모든 일을 잊어버리게 하셨다'라는 의미로 그 이름을 므낫세로 지었습니다.

창세기 41:51
요셉은 "하나님이 나의 온갖 고난과 아버지 집 생각을 다 잊어버리게 하셨다" 하면서, 맏아들의 이름을 므낫세라고 지었다.

하나님께서 요셉이 겪은 그 모진 고난을 잊게 하셨다고 아들의 이름을 므낫세로 지은 것입니다. 요셉이 겪은 고난-형들의 손에 의해 노예로 팔린 일, 보디발 집에서 억울하게 누명 쓴 일, 감옥에서 술 맡은 관원에게 잊힌 일-을 그는 다 잊었습니다. 고통스러운 지난날을 그는 이제 잊었습니다. 요셉의 나이 17세, 사랑받는 아들로서 부러울 것 없는 날들을 보내고 있던 어느 날, 아버지 심부름한 것이 발단이 되어 노예로, 또 죄수로 고단하게 살아온 요셉입니다. 어디 하소연 할 데도 없었고 하소연한다 해도 크게 달라질 것 없는 날들이었습니다. 하나님은 요셉의 그 모든 아픔과 상처를 잊을 수 있게 해주셨습니다. 여기서 잊게 하셨다는 것은 단순히 망각의 의미가 아닙니다. 과거의 사건들이 더 이상 요셉에게 영향을 주지 못한다는 뜻입니다. 과거의 상처가 지금의 요셉에게 전혀 영향을 주지 않을 정도로 그는 이미 과거로부터 자유로워졌습니다.

요셉은 어느 누구로부터도 사과 받지 못했습니다. 형들이나 보디발

(혹은 보디발의 아내)로부터 사과를 받지 못했습니다. 어느 누구도 요셉에게 용서를 구한 사람이 없습니다. 그런데 그는 과거 아픔에서 벗어납니다. 더 이상 지난날의 아픔이 그에게 영향을 주지 못합니다. 하나님이 하신 일이라고 밖에는 설명이 안됩니다. 그렇습니다. 하나님은 우리가 과거의 상처와 아픔에 묶여 사는 것을 원치 않으십니다.

죄가 반드시 너희를 찾아내리라

요셉의 형들은 애굽 총리가 자기들을 막다른 골목으로 몰아갈 때 자신들이 저지른 죄가 떠올랐습니다. 애굽의 총리라는 사람이 갑자기 정탐꾼으로 몰고 가지를 않나 막냇동생을 데리고 오라고 하지를 않나, 너무도 어이없었을 것입니다. 그런데 그들은 그 순간 애굽 총리를 원망하지 않았습니다. 곡식을 가졌다고 권력을 가졌다고 우리를 이렇게 만드는구나, 하지 않았습니다. 놀랍게도 그들은 자신들의 죄를 생각했습니다. 형들은 요셉을 팔아넘긴 후 하루도 그 죄에서부터 벗어날 수 없었던 것입니다.

죄라는 것은 그렇습니다. 피해자만 힘겨운 것이 아닙니다. 자신이 한 일이 얼마나 나쁜 일인지 알게 되는 순간 가해자 역시 고통 속으로 들어갑니다. 죗값은 먼저 그렇게 치르게 됩니다. 물론 이는 자신의 죄의 무게를 아는 자에게만 해당됩니다. 죄를 죄로 모르는 사람은 계속 안하무인으로 후안무치로 살아갑니다. 죄의 무게를 느끼는 죄책감(혹은 죄의식)이라는 것이 우리 안에서 중요한 일을 할 때가 많습니다. 죄의식을 타고 은혜가 들어오기도 하고, 은혜받은 자가 죄의식을 느끼기도 합니다.

우리가 지은 죄는 우리 주변을 돌면서 스스로 일합니다. 성경은 죄가 기어이 죄인을 찾아낸다고 말합니다.

민수기 32:23
너희가 만일 그같이 아니하면 여호와께 범죄함이니 너희 죄가 반드시 너희를 찾아낼 줄 알라 (개역개정)

민수기 32장 23절은 '너희 죄가 반드시 너희를 찾아낸다'고 말합니다. 이 부분을 새번역은 '절대로 그 죄에서 벗어나지 못한다'고, 공동번역은 '그 죄가 너희 덜미를 잡을 것이다'라고 번역합니다. '죄가 너희를 찾아낸다', '죄가 너희 덜미를 잡는다'. 성경은 죄를 인격화해서 말씀합니다.

열왕기상에는 이런 이야기가 나옵니다. 이스라엘에 가뭄이 한창일 때 하나님은 엘리야를 사르밧 지방의 한 과부에게 보내십니다. 엘리야는 아들과 함께 죽으려고 하는 가여운 과부에게 떡을 얻어먹습니다. 하나님은 엘리야를 통해 그 과부에게 은혜를 베풀어주십니다. 떡을 만들어 먹을 가루의 통과 기름병이 마르지 않는 은혜를 베풀어주십니다. 그일 후에 과부의 아들이 병들어 숨을 거둡니다. 아들이 숨을 거두자 과부는 엘리야를 찾아가 이렇게 말합니다-"하나님의 사람이신 어른께서 저와 무슨 상관이 있으시기에, 이렇게 저에게 오셔서, 저의 죄를 기억나게 하시고, 제 아들을 죽게 하십니까?".

> **열왕기상 17:18**
> 그러자 그 여인은 엘리야에게 이렇게 말하였다. "하나님의 사람이신 어른께서 저와 무슨 상관이 있다고, 이렇게 저에게 오셔서, 저의 죄를 기억나게 하시고, 제 아들을 죽게 하십니까?"

아들이 숨을 거두자, 사르밧 과부는 제일 먼저 자신의 죄가 떠올랐습니다. 그 죄가 무엇인지 성경은 말해주지 않지만 아무튼 그는 자신의 죄가 떠올랐습니다. 혹 내 죄 때문에 아들이 죽은 것은 아닌가 생각한 것입니다. 음식이 떨어지지 않는 은혜를 받았지만 죄 문제가 해결된 것은 아니었습니다.

자신의 죄를 생각하는 것, 죄를 죄로 인식하게 되는 것, 은혜의 출발입니다. 로마서는 우리에게 말합니다. 죄가 많은 곳에 은혜가 많다고.

로마서 5:20b
그러나 죄가 많은 곳에, 은혜가 더욱 넘치게 되었습니다.

여기서 죄가 많은 곳은, 단순히 죄를 많이 짓는 곳을 말하는 것이 아닙니다. 죄를 죄로 아는 것을 말합니다. 그렇습니다. 죄를 죄로 아는 현장에, 그 심령에 은혜가 더욱 넘쳐납니다. 죄를 죄로 인식할 때 우리는 비로소 은혜의 자리로 가게 됩니다. 은혜는 죄를 죄로 아는 자에게만 은혜로 다가갑니다.

요셉은 형들이 자신들이 지은 죄를 죄로 알고 있는 것이 기뻐서 눈물이 납니다. 하지만 형들이 잘못을 깨달은 것을 확인했다고 해서 곧장 자신이 요셉이라고 밝히고 금방 해피엔딩으로 끝내지 않습니다. 아직 요셉은 할 일이 많습니다. 그는 눈물을 거두고 계속 할 일을 합니다.

요셉의 두 번째 눈물: 사랑하는 내 동생 베냐민

요셉은 형들에게 당신들의 막냇동생을 데리고 오라며 형 시므온을 결박하여 인질로 삼고 다른 형제들을 돌려보냅니다. 이미 형들을 용서한 요셉이기에 형들의 자루에 양식도 채워주고 그들이 가져온 돈도 다시 넣어 보냅니다. 형들은 자루 안에 돈뭉치가 다시 들어 있는 것을 보고는 애굽 총리의 이런 행동이 도무지 이해가 안 될 뿐 아니라 두렵기까지 합니다. 형들은 집으로 돌아와 아버지 야곱에게 애굽에서 있었던 일을 모두 고합니다.

시간이 흘러 애굽에서 가져온 양식이 다 떨어졌습니다. 이제 다시 애굽으로 양식을 구하러 가야 합니다. 인질로 잡혀 있는 시므온도 데리고 와야 합니다. 다시 애굽에 올 때는 막냇동생을 데리고 와야 한다는 애굽 총리의 말에 아버지 야곱을 겨우겨우 설득해 베냐민을 데리고 갑니다. 더 많은 돈과 예물을 가지고 애굽을 향해 갑니다.

요셉과 형제들 간의 두 번째 상봉입니다. 형들과 함께 온 동생 베냐민을 본 요셉은 동생을 향한 사랑의 마음이 복받쳐 올라 급히 울 곳을 찾아 들어가 웁니다.

> **창세기 43:30-31**
> 요셉은 자기 친동생을 보다가, 마구 치밀어 오르는 형제의 정을 누르지 못하여, 급히 울 곳을 찾아 자기의 방으로 들어가서, 한참 동안 울고, 얼굴을 씻고 도로 나와서, 그 정을 누르면서, 밥상을 차리라고 명령하였다.

요셉은 동생 베냐민을 보자 눈물이 납니다. 요셉의 가정은 어머니가 넷입니다. 요셉과 베냐민은 라헬의 소생입니다. 큰어머니인 레아는 라헬과 자매지간입니다. 다른 어머니로는 실바와 빌하가 있습니다. 실바는 레아의 여종이고 빌하는 라헬의 여종입니다. 레아의 소생은 르우벤, 시므온, 레위, 유다, 잇사갈, 스불론 이렇게 여섯이고, 라헬의 소생은 요셉과 베냐민, 실바의 소생은 단과 납달리, 빌하의 소생은 갓과 아셀입니다. 그렇게 모두 열두 아들이 한 집에서 살았습니다. 아버지 하나에 어머니는 넷, 남자 형제가 열둘입니다. 어머니들은 아버지를 중심에 두고 경쟁하듯 아들을 낳았고, 자녀들은 자신의 어머니가 아버지 야곱의 사랑을 조금이라도 더 받길 원합니다. 자연스레 각자의 어머니를 중심으로 네 패로 갈립니다. 하나 되기 어려운 콩가루 집안입니다.

　상황이 그러다 보니 요셉에게 베냐민은 각별한 동생일 수밖에 없습니다. 하나밖에 없는 동생이기도 하고, 또 어머니 라헬이 베냐민을 낳다가 돌아가셨기에 애틋함이 더욱 큽니다. 다른 형제들은 어머니가 있는데 요셉과 베냐민에게는 어머니가 없습니다. 다른 어머니들이 살펴준다 해도 그 어머니들에게도 다른 아들들이 있으니 많은 것을 기대할 수는 없습니다. 자신이 형들에 의해 사라진 이후 베냐민이 겪었을 어려움을 생각하니 마음이 아픕니다. 요셉에게 그렇게 모질게 행동한 형들이 과연 베냐민에게는 어떻게 했을까, 어린 내 동생이 얼마나 외롭고 힘들었을까, 생각만 해도 마음이 아픕니다. 요셉은 베냐민을 보자 울컥합니다. 반가움에, 그리고 안쓰러움에 눈물이 흐릅니다. 요셉은 너무도 그리웠던 동생 베냐민에게 음식을 다섯 배나 주며 함께 식사합니다.

창세기 43:34
각 사람이 먹을 것은, 요셉의 상에서 날라다 주었는데, 베냐민에게는 다른 사람보다 다섯 곱이나 더 주었다. 그들은 요셉과 함께 취하도록 마셨다.

요셉은 아직 자신의 정체를 밝히지 않습니다. 여전히 할 일이 있기 때문입니다. 그는 이미 형제들을 용서했지만 형들의 마음이 알고 싶습니다. 나를 버린 형들이 과연 내 동생 베냐민을 어떻게 대하는지 알고 싶습니다. 그래서 그는 형들을 시험합니다.

요셉의 세 번째 눈물: 이제는 됐습니다

요셉은 베냐민을 데리고 온 형제들을 후히 대접하고는 가나안으로 돌려보냅니다. 돌려보낼 때 자기 청지기를 시켜 양식을 그들의 자루에 넉넉히 채워주고 그들이 가져온 돈도 도로 넣어줍니다. 베냐민의 자루에는 은잔을 넣으라고 합니다. 형제들은 아무것도 모르는 채 양식을 얻었다는 즐거움으로, 베냐민을 안전하게 데리고 가게 되었다는 안도감으로 집으로 향합니다. 하지만 그것도 잠시, 요셉의 청지기가 뒤따라와 그 일행을 세우며 말합니다-"당신들은 어찌하여 선을 악으로 갚으십니까? 우리 주인이 점칠 때 쓰는 물건(은잔)을 가지고 가다니 어떻게 그럴 수 있습니까?".

청지기의 말에 그들은 우리는 그런 사람이 아닙니다. 당신이 말하는 물건이 우리 중 누구에게서 발견되든지 그는 총리의 종이 되리이다, 호언장담합니다. 청지기가 나이 많은 자부터 차례차례 자루를 푸는데 베냐민의 자루에서 은잔이 나옵니다. 물론 이 모든 것은 요셉이 꾸민 일입니다. 이를 알 리 없는 형제들은 몹시 당황하며 다시 애굽 총리에게 돌아갑니다. 이제 큰일입니다. 하필 베냐민의 자루에서 은잔이 나오다니. 베냐민이 그럴 리가 없는데 이게 어찌 된 일인지. 당혹스럽기 그지없습니다.

다시 돌아온 형제들에게 요셉이 추궁하자 유다가 나서서 말합니다-"우리 모두 당신의 노예가 되겠습니다." 하지만 요셉은 자루에서 잔이 발견된 그 아이만 남기고 가라고 막무가내로 말합니다. 유다는 우리 아버지 야곱은 이미 사랑하는 한 아들을 잃은 가여운 아버지라며, 이 아이마저 잃으면 우리 아버지는 죽는다고, 이 아이와 함께 가지 않으면 아버지의 얼굴을 볼 수 없다고 사정사정합니다.

창세기 44:30-34
아버지의 목숨과 이 아이의 목숨이 이렇게 얽혀 있습니다. 소인이 어른의 종, 저의 아버지에게 되돌아갈 때에, 우리가 이 아이를 데리고 가지 못하거나, 소인의 아버지가 이 아이가 없는 것을 알면, 소인의 아버지는 곧바로 숨이 넘어가고 말 것입니다. 일이 이렇게 되면, 어른의 종들은 결국, 백발이 성성한 아버지를 슬퍼하며 돌아가시도록 만든 꼴이 되고 맙니다.
어른의 종인 제가 소인의 아버지에게, 그 아이를 안전하게 다시 데리고 오겠다는 책임을 지고 나섰습니다. 만일 이 아이를 아버지에게 다시 데리고 돌아가지 못하면, 소인이 아버지 앞에서 평생 그 죄를 달게 받겠다고 다짐하고 왔습니다. 그러니, 저 아이 대신에 소인을 주인어른의 종으로 삼아 여기에 머물러 있게 해주시고, 저 아이는 그의 형들과 함께 돌려보내 주시기를 바랍니다. 저 아이 없이, 제가 어떻게 아버지의 얼굴을 뵙겠습니까? 그럴 수는 없습니다. 저의 아버지에게 닥칠 불행을, 제가 차마 볼 수 없습니다.

유다는 아버지와 이 아이는 서로 생명이 묶여 있으니 이 아이 대신 내가 종이 될 테니 이 아이만큼은 보내달라고 엎드려 간구합니다. 형 유다가 엎드려 간곡히 말하는 모습을 보고는 요셉이 갑자기 울음을 터트립니다. 요셉은 곁에 있는 시종들을 물리고는 소리내어 웁니다. 그리고 드디어 형제들에게 자신이 요셉임을 밝힙니다.

창세기 45:1-3
요셉은 북받치는 감정을 억누르지 못하고, 자기의 모든 시종들 앞에서 그만 모두들 물러가라고 소리쳤다. 주위 사람들을 물러나게 하고, 요셉은 드디어 자기가 누구인지를 형제들에게 밝히고 나서, 한참 동안 울었다. 그 울음소리가 어찌나 크던지 밖으로 물러난 이집트 사람들에게도 들리고, 바로의 궁에도 들렸다.
"내가 요셉입니다! 아버지께서 아직 살아 계시다고요?" 요셉이 형제들에게 이렇게 말하였으나, 놀란 형제들은 어리둥절하여, 요셉 앞에서 입이 얼어붙고 말았다.

요셉은 자신이 바로 요셉이라 밝히고는 한참을 소리내어 웁니다. 그가 얼마나 큰 소리로 울었는지 물러간 시종들은 물론 바로의 궁에까지 그의 울음소리가 들립니다.

요셉은 이제야 안심이 됩니다. 자신을 버렸던 형들이 베냐민을 이렇게 보호하는 것을 보니 이제 안심이 됩니다. 정말 형들이 자신의 잘못을 뉘우치고 있다는 것을 확인하니 눈물이 납니다. 형 유다의 말을 들으며 아버지가 자신을 잃고 얼마나 큰 고통 속에 사셨을지를 생각하니 눈물이 멈추지 않습니다. 형들이 얼마나 크게 뉘우쳤는지 이제 확인했으니 이제는 자신의 정체를 밝혀도 되겠다 싶습니다. 요셉은 그날 하루 종일 웁니다. 요셉은 베냐민을 안고 울고, 베냐민은 요셉에게 안겨서 웁니다. 요셉은 형들 한 명 한 명 부둥켜안고 입 맞추며 웁니다.

창세기 45:14-15
요셉이 자기 아우 베냐민의 목을 얼싸안고 우니, 베냐민도 울면서 요셉의 목에 매달렸다. 요셉이 형들과도 하나하나 다 입을 맞추고, 부둥켜 안고 울었다. 그제야 요셉의 형들이 요셉과 말을 주고받았다.

요셉은 이미 형들을 용서했지만 자신의 용서를 섣불리 드러내지 않았습니다. 형들이 과연 얼마나 달라졌는지 알고 싶었습니다. 베냐민을 곤경에 빠뜨릴 때 형들의 태도를 보면 얼마나 달라졌는지 볼 수 있을 것 같았습니다.

용서에도 과정이 있습니다. 나의 용서가 값싼 용서, 헤픈 용서, 쉬운 용서가 되면 용서조차도 이용당할 수 있습니다. 저 사람에게는 그래도 된다고 생각하고 함부로 대하기도 합니다. 그래서 같은 잘못으로 같은 아픔을 계속 주기도 합니다. 우리는 요셉이 형들을 용서하는 일련의 과정을 통해 하나님의 용서의 여정을 봅니다. 하나님은 이미 우리를 용서하셨지만, 어떤 과정을 통과하게 하십니다. 우리의 회개가 말로만 하는 회개인지 삶의 방식으로서의 회개인지 우리 스스로 볼 수 있도록 어떠한 상황으로 데리고 가십니다.

아버지의 고통을 본 아들들

유다가 베냐민을 놓아달라고 간청하며 한 말은 모두 아버지 야곱의 고통에 대한 이야기입니다. 우리가 베냐민을 사랑한다고, 둘도 없는 막냇동생이라고, 하지 않습니다. 내내 아버지 야곱의 고통을 말합니다.

"이 아이가 아버지 곁을 떠나면, 아버지가 돌아가실 것입니다. 아버지의 목숨과 이 아이의 목숨이 얽혀 있습니다. 이 아이를 데리고 가지 못하면 아버지는 곧바로 숨을 거둘 것입니다. 저 아이 없이 어떻게 아버지의 얼굴을 뵙겠습니까? 아버지에게 닥칠 불행을 볼 수 없습니다." 내내 아버지가 받게 될 고통을 말합니다. 형제들이 달라진 것은 바로 이것입니다. 그들은 이제 아버지의 고통을 압니다.

형들은 아버지 야곱이 요셉을 각별히 사랑한다는 것을 요셉이 17세일 때도 알고 있었습니다. 하지만 요셉을 잃은 후 아버지가 그렇게 고통스러워할 줄은 그때는 몰랐습니다. 아버지의 고통을 보며 형제들은 하루하루 마음이 무거워집니다. 자기들의 죄가 얼마나 큰 죄인지를 아버지의 고통을 보며 만나갑니다. 아버지의 눈물을 멈추게 할 수만 있다면, 늙어가는 아버지의 아픔을 덜어드릴 수만 있다면…. 아버지 야곱은 내내 "내가 그날 심부름만 보내지 않았더라도. 그냥 베냐민과 집에 있게 할 걸" 끝없는 후회와 자책으로 고통스러워합니다. 아들들은 그런 아버지를 보는 것이 너무도 고통스럽습니다. 아버지께 고통을 준 것이 다름 아닌 자신들이라는 사실이 뼈아프게 다가옵니다. 그렇습니다. 그들은 아버지의 고통의 무게가 바로 자신들의 죄의 무게임을 그렇게 만났습니다. 요셉을 팔아버린 그날 이후 야곱의 가정은 아버지의 슬픔과 아들들의 죄의식이 먹구름이 되어 그 집을 덮고 있었습니다.

"아버지에게 다시 그런 고통을 드릴 수가 없습니다. 내가 옥에 갇히는 한이 있어도, 내가 애굽에서 종살이를 하는 한이 있어도 아버지께 다시는 그런 고통을 드릴 수는 없습니다. 아버지의 그 아픔을 다시 볼 자신이 없습니다." 유다가 간곡히 애원합니다.

요셉은 형 유다의 말에 펑펑 웁니다. 이 울음은 기쁨의 울음입니다. 아버지의 마음을 헤아리는 형들, 아버지를 위해 고난을 자처하는 형들, 그 모습이 참으로 고맙습니다. 요셉의 이 눈물은 아버지께 드리는 애통의 눈물이기도 합니다. 나를 잃고 얼마나 힘겨우셨을지, 내가 아버지를 그리워한 것의 몇백 배 나를 그리워하셨을 내 아버지 야곱. 아버지 야곱에게 드리는 애통의 눈물입니다.

하나님 아버지의 고통을 알면 자녀인 우리는 회개하지 않을 수 없습니다. 하나님 아버지가 무엇을 아파하시는지 무엇을 슬퍼하시는지 알면 우리는 죄의 자리에서 나올 수밖에 없습니다. 우리의 죄로 인해 슬퍼하시는 하나님 아버지, 그분의 고통을 알면 하나님 아버지를 아프게 했다는 그 사실 하나만으로도 우리는 마음을 찢고 아버지께 나아가게 됩니다.

요셉의 네 번째 눈물: 아버지, 나의 아버지

　요셉은 이제 형들에게 할 일을 알려줍니다. 아버지를 모시고 애굽으로 오라고, 가족 모두 애굽에 들어와 살라고 말합니다. 형제들은 집으로 돌아가 아버지 야곱에게 모든 일을 말합니다. 요셉은 사실 죽은 것이 아니라 자신들이 미디안 상인에게 팔아넘긴 것이라는 이야기부터 그 요셉이 애굽의 총리가 되었다는 이야기까지 아버지 야곱에게 전부 다 말합니다. 야곱은 믿을 수 없는 그 모든 이야기를 듣고는 요셉을 만날 채비를 합니다. 야곱과 야곱의 모든 자손들이 애굽으로 갑니다. 요셉이 말한 대로 고센 땅에서 짐을 풀었습니다. 요셉은 아버지 야곱이 애굽에 들어왔다는 소식을 전해 듣고 아버지를 만나러 고센 땅으로 갑니다.

> **창세기 46:29**
> 요셉이 자기 아버지 이스라엘을 맞으려고, 병거를 갖추어서 고센으로 갔다. 요셉이 아버지 이스라엘을 보고서, 목을 껴안고 한참 울다가는, 다시 꼭 껴안았다.

드디어 아버지 야곱과 아들 요셉이 만납니다. 야곱은 죽은 줄로만 알았던 아들 요셉을, 요셉은 다시는 못 만날 줄 알았던 아버지 야곱을 만납니다. 아버지와 아들은 보자마자 서로 부둥켜안고 웁니다. 한참 울다가 서로의 얼굴을 보고, 얼굴을 보고 다시 껴안고 울고, 그러기를 반복하며 기쁨의 눈물을 흘립니다. 아버지도 아들도 내내 웁니다. 오랜 시간 그리워했던 아버지와 아들은 그렇게 만납니다.

요셉의 다섯 번째, 여섯 번째 눈물: 죽음을 바라보며

꿈에도 그리던 아들 요셉을 만난 아버지 야곱이 이제 이 땅에서 한 삶을 다 살고 숨을 거둡니다. 자손들을 맘껏 축복하고 이 땅을 떠납니다. 요셉은 아버지 얼굴에 입을 맞추며 웁니다.

창세기 50:1
요셉이 아버지의 얼굴에 엎드려서, 울며 입을 맞추고,

부모는 우리에게 많은 것을 가르쳐 줍니다. 마지막에는 죽음까지 가르쳐 줍니다. 죽음은 이렇게 온다는 것을, 죽는다는 것은 바로 이런 것임을 친히 보여주십니다. 많은 죽음을 만나지만 우리는 결국 부모의 죽음을 통해 죽음을 배웁니다. 내가 이 땅에 온 통로인 부모님. 두 분의 사랑으로 이 땅에 온 나. 줄 수 있는 사랑을 다 쏟아부으신 부모님. 서운한 일도 있지만 그분들도 몰라서 그랬다는 것을, 그분들도 처음 살아보는 인생이라 그랬다는 것을 부모가 된 후에 알게 됩니다. 부모님도 연약한 한 사람이라는 것을, 부모님도 사랑스러운 한 아이였었다는 것을 나이 들어가면서 알게 됩니다. 요셉은 아버지를 떠나보내면서 아버지 시신에 입을 맞추며 웁니다.

요셉의 큰 애통

요셉은 야곱의 유언대로 아버지 시신을 가나안 땅 막벨라 굴에 안치합니다. 막벨라 굴을 향해 가는 길에 요셉은 요단 동편 아닷 타작마당에서 크게 애통하며 7일 동안 웁니다.

> **창세기 50:10-11**
> 그들은 요단 강 동쪽 아닷 타작마당에 이르러서, 크게 애통하며 호곡하였다. 요셉은 아버지를 생각하며, 거기에서 이레 동안 애곡하였다. 그들이 타작마당에서 그렇게 애곡하는 것을 보고, 그 지방에 사는 가나안 사람들은 "이집트 사람들이 이렇게 크게 애곡하고 있구나" 하면서, 그 곳 이름을 아벨미스라임이라고 하였으니, 그 곳은 요단 강 동쪽이다.

요셉의 애통함이 얼마나 애끓은 애통이었는지 사람들이 그곳의 이름을 아벨미스라임-'애굽 사람의 큰 애통'이라고 이름을 붙입니다.

요셉은 아버지 야곱의 삶이 참으로 마음이 아픕니다. 성경을 통틀어 가장 인간적인 삶을 보여준 야곱입니다. 지혜자 요셉은 아버지 야곱의 삶이 얼마나 치열했는지, 또 얼마나 아팠는지, 또 얼마나 애절하고 고통스러웠는지 압니다. 한 사람이 살아낸 '험악한 세월'을 요셉은 알았습니다.

창세기 47:9
야곱이 바로에게 대답하였다. "이 세상을 떠돌아다닌 햇수가 백 년 하고도 삼십 년입니다. 저의 조상들이 세상을 떠돌던 햇수에 비하면, 제가 누린 햇수는 얼마 되지 않지만, 험악한 세월을 보냈습니다."

요셉은 죽을 수밖에 없는 인생 앞에서, 그 연약함 앞에서 눈물을 흘립니다. 이 땅에서 한 삶을 산다는 것이 얼마나 고단한 일인지 또 얼마나 아름다운 일인지 너무도 잘 아는 요셉은 아버지의 죽음 앞에서 눈물을 흘립니다.

요셉의 일곱 번째 눈물: 저의 용서를 믿어 주세요

아버지 야곱을 장사 지낸 후 형들은 마음이 불안합니다. 아버지가 돌아가셨으니 요셉이 자신들이 행한 악을 되갚지 않을까 걱정이 됩니다. 생각 끝에 요셉에게 아버지 유언이라면서 다시 용서를 구합니다.

창세기 50:15-17
요셉의 형제들은 아버지를 여의고 나서, 요셉이 자기들을 미워하여, 그들에게서 당한 온갖 억울함을 앙갚음하면 어찌하나 하는 생각이 들어서, 요셉에게 전갈을 보냈다. "아버지께서 돌아가시기 전에 남기신 유언이 있습니다. 아우님에게 전하라고 하시면서 '너의 형들이 너에게 몹쓸 일을 저질렀지만, 이제 이 아버지는 네가 형들의 허물과 죄를 용서하여 주기를 바란다' 하셨습니다. 그러니 아우님은, 우리 아버지께서 섬기신 그 하나님의 종들인 우리가 지은 죄를 용서하여 주시기 바랍니다." 요셉은 이 말을 전해 듣고서 울었다.

요셉은 형들의 말을 전해 듣고 웁니다. 아버지 야곱이 죽은 후 요셉이 자기들을 힘들게 할까 봐 걱정하는 형제들의 말을 듣고 웁니다. 요셉은 왜 형들의 말을 듣고 우는 것일까요? 요셉은 자신의 용서를 믿지 못하는 형들의 모습이 너무도 안타깝습니다. 이미 용서했건만 여전히 자신의 눈치를 보는 형들의 모습에 마음이 아픕니다.

창세기 50:18-21
곧 이어서 요셉의 형들이 직접 와서, 요셉 앞에 엎드려서 말하였다. "우리는 아우님의 종입니다." 요셉이 그들에게 말하였다. "두려워하지 마십시오. 내가 하나님을 대신하기라도 하겠습니까? 형님들은 나를 해치려고 하였지만, 하나님은 오히려 그것을 선하게 바꾸셔서, 오늘과 같이 수많은 사람의 생명을 구원하셨습니다. 그러니 형님들은 두려워하지 마십시오. 내가 형님들을 모시고, 형님들의 자식들을 돌보겠습니다." 이렇게 요셉은 그들을 간곡한 말로 위로하였다.

요셉은 자신을 찾아와 자신들은 아우님의 종이라고 말하는 형들을 도리어 위로합니다. 요셉의 이 마지막 눈물은 하나님의 마음 그대로입니다. 우리는 하나님의 용서를 못 믿을 때가 많습니다. 하나님의 용서가 너무 커서, 그런 용서를 받아 본 적이 없어서 자꾸 하나님의 용서를 의심합니다. '이런 나를 용서하실 리 없어', '이런 나를 사랑하실 리 없어.' 그래서 이런저런 행위로 자기 의를 쌓아갑니다. 하나님의 자녀가 되기보다는 종으로 살려고 합니다. 하나님을 사랑하기보다는 하나님께 잘 보이려고만 합니다. 하나님은 우리의 이런 모습을 보시며 마음 아파하십니다.

요셉은 형들에게 버림받던 그날에도 많이 울었을 것입니다. 형들이 무서운 얼굴로 옷을 벗기고 구덩이에 던질 때 요셉은 살려달라고 애원하며 울었을 것입니다. 노예상에게 팔려 갈 때도, 또 누명을 쓰고 감옥에 갈 때도 속울음을 울었을 것입니다. 구덩이에 던져질 때의 공포감, 노예상에게 팔릴 때의 절망감, 누명을 쓰고 감옥에 갇힐 때의 억울함. 언제 끝날지 모를 감옥 생활. 하지만 성경은 당시에 그가 울었다고 기록하지 않습니다. 20여 년 후 형제들을 만난 이후의 울음만 기록합니다. 하나님의 마음이 담긴 그 울음만 기록합니다.

요셉이 보여준 용서는 신적 용서입니다. 요셉의 용서는 하나님의 용서를 그대로 보여줍니다. 요셉을 팔아 버린 형들은 하나님의 아들 예수를 밀어낸 인류의 모습 그대로입니다. 도무지 용서할 수 없을 것 같은데, 용서하지 않아도 뭐라 할 사람이 없을 텐데 용서하는 요셉의 모습은 예수의 모습 그대로입니다. 어느 누구도 용서해달라고 하지 않았는데 우리를 용서하시는 예수 그리스도의 모습 그대로입니다. 형제들의 눈물도 보고 아버지의 눈물도 본 요셉은 양쪽의 마음을 다 느끼며 펑펑 웁니다.

요셉의 눈물은 우리 주 예수 그리스도의 눈물입니다. 하나님은 요셉을 통해 자신의 눈물을 흘리신 것입니다.

5. 마리아의 눈물, 당혹스러운 은혜 고통스런 은혜

하나님의 아들 예수는 이 땅에 오실 때 한 여인의 몸을 통해 오십니다. 예수도 이 땅에서는 한 어머니의 아들이었습니다. 신의 아들 예수의 십자가 수난은 성부 하나님의 고통을 담보한 사건입니다. 인간 예수의 십자가 수난은 한 어머니의 고통이 담보한 사건입니다.

예수는 마리아라는 한 어머니의 사랑 안에서 나고 자랍니다. 예수가 아들이어서 기쁘기보다는 당혹스럽고 힘들었을 어머니 마리아. 예수를 아들로 두었던 마리아, 그가 받은 은혜와 그 은혜로 인해 흘린 눈물의 현장 속으로 들어가 보겠습니다.

하나님의 아들, 나사렛 마리아의 몸 안으로 오시다

하나님의 아들 예수는 이 땅에서 나사렛 사람이라 불렸습니다. 그렇습니다. 예수는 예루살렘 사람도 여리고 사람도 아닌, 나사렛 사람입니다. 나사렛이라는 마을은 구약에 단 한 번도 나오지 않습니다. 나사렛이 이스라엘 사람들에게 어떤 이미지의 마을이었는지 요한복음을 통해 알 수 있습니다. 빌립이 예수를 만난 후 흥분하며 나다나엘에게 말합니다. 모세가 말한 그분, 예언자들이 기록한 그분을 만났는데 그는 나사렛 출신 요셉의 아들 예수라고 말합니다. 그의 말에 나다나엘은 대뜸 나사렛에서 무슨 선한 것이 날 수 있겠냐고 응수합니다. 나사렛은 그런 동네입니다. 거기서 무슨 선한 것이 나올 수 있겠느냐는 소리를 듣는 작고 외진 동네, 그 동네에 뭘 기대할 게 있겠느냐는 소리를 듣는 그런 동네입니다. 그러고 보니 예수님 덕에 겨우 세상에 알려진 작은 동네입니다.

> **요한복음 1:45-46**
> 빌립이 나다나엘을 만나서 말하였다. "모세가 율법책에 기록하였고, 또 예언자들이 기록한 그분을 우리가 만났습니다. 그분은 나사렛 출신으로, 요셉의

아들 예수입니다." 나다나엘이 그에게 말하였다. "나사렛에서 무슨 선한 것이 나올 수 있겠소?" 빌립이 그에게 말하였다. "와서 보시오."

나사렛, 이스라엘 사람들이 가고 싶어 하는 동네 목록에 전혀 끼지 않는 작은 마을입니다. 흠모할 것 하나 없는 마을입니다. 예수가 바로 그 나사렛 출신입니다. 나사렛 예수. 그 나사렛 예수가 있기 전에 나사렛 마리아가 먼저 있었습니다.

나사렛의 한 소녀 마리아. 나사렛이라는 동네와 마리아라는 소녀. 이 둘은 예수 나심의 두 가지 배경이 됩니다. 나사렛은 예수 성장의 공간적 배경입니다. 마리아는 예수가 이 땅에서 만난 첫 번째 세상이자 첫 번째 인격적 배경입니다. 나사렛과 마리아, 이 둘은 하나님의 아들 예수가 이 땅에 오실 때 중요한 배경이 되어주는 동시에 주 오심의 비밀을 담고 있습니다.

나사렛은 어느 누구도 관심 갖지 않는 작은 마을입니다. 주목받을 만한 것이 없는 그저 그런 동네, 하루하루 그날이 그날 같은 동네, 딱히 별일도 없고 별일이 있다 해도 그 역시도 그저 그런 일인 동네입니다. 그 지

역에 마리아라는 소녀가 살고 있습니다. 당시 마리아라는 이름은 흔하디 흔한 이름입니다. 복음서에서만 해도 여러 명의 마리아가 나옵니다. 예수께서 십자가에 못 박힐 때도 주님 곁에 세 명의 마리아가 있었습니다. 어머니 마리아와 글로바의 아내 마리아, 그리고 막달라 마리아입니다(요 19:25). 마가 요한의 어머니 이름도 마리아입니다(행12:12). 주께서 살리신 나사로의 누이도 마리아입니다(요11:1). 주님 주변에는 마리아들이 많았습니다.

요한복음 19:25
그런데 예수의 십자가 곁에는 예수의 어머니와 이모와 글로바의 아내 마리아와 막달라 사람 마리아가 서 있었다.

사도행전 12:12
이런 사실을 깨닫고서, 베드로는, 마가라고도 하는 요한의 어머니 마리아의 집으로 갔다. 거기에는 많은 사람이 모여서 기도하고 있었다.

요한복음 11:1
한 병자가 있었는데, 그는 마리아와 그의 자매 마르다의 마을 베다니에 사는 나사로였다.

이 동네에도 마리아가 있고 저 동네에도 마리아가 있습니다. 마리아는 정말이지 흔하디흔한 이름입니다. 예수는 그렇게 별 볼 일 없는 동네 나사렛에서 흔하디흔한 마리아라는 이름의 소녀의 몸을 통해 이 땅에 옵니다. 그렇게 이 땅에 오신 예수는 지금도 그저 그런 곳에서 그저 그런 사람들과 함께 계십니다.

예수가 만난 첫 번째 세상인 나사렛 마리아. 그가 어떻게 신의 아들의 첫 번째 처소가 되었는지 그 처음을 함께 보겠습니다. 어느 날 천사 가브리엘이 소녀 마리아에게 나타납니다.

> **누가복음 1:28-33**
> 천사가 안으로 들어가서, 마리아에게 말하였다. "기뻐하여라, 은혜를 입은 자야, 주님께서 그대와 함께 하신다." 마리아는 그 말을 듣고 몹시 놀라, 도대체 그 인사말이 무슨 뜻일까 하고 궁금히 여겼다. 천사가 마리아에게 말하였다. "두려워하지 말아라. 마리아야, 그대는 하나님의 은혜를 입었다. 보아라, 그대가 잉태하여 아들을 낳을 터이니, 그의 이름을 예수라고 하여라. 그는 위대하게 되고, 더없이 높으신 분의 아들이라고 불릴 것이다. 주 하나님께서 그에게 그의 조상 다윗의 왕위를 주실 것이다. 그는 영원히 야곱의 집을 다스리고, 그의 나라는 무궁할 것이다."

우리는 천사가 내게 한 번 나타났으면 하고 바라지만 정작 성경 속에서 천사를 만난 사람들은 하나같이 당황하고 두려워합니다. 소녀 마리아도 그랬습니다. 당혹감을 감추지 못합니다. 천사가 마리아에게 두려워하지 말라고 한 것을 보면 마리아 역시 천사를 보자마자 두려움에 휩싸인 게 분명합니다. 가브리엘은 마리아에게 말합니다-'기뻐하라 은혜 입은 자야, 주께서 그대와 함께 하신다.'

천사 가브리엘은 6개월 전에 나이 많은 사가랴 부부에게 아들을 낳을 것이라는 소식을 전한 바 있습니다. 천사 가브리엘은 이번에는 남자를 알지 못하는 소녀 마리아에게 나타나서 말합니다. 아들을 낳을 거라고, 그 아들이 위대한 일을 할 거라고, 네가 낳은 아들이 어마어마한 일을 하게 된다고, 그러니 기뻐하라고. 천사의 방문 자체도 놀라운 일이건만 그가 전한 말은 가히 충격적입니다. 사실 천사가 하는 말이 도통 무슨 말인지 모르겠습니다. 처녀인 마리아가 아기를 낳을 거라니, 너무도 황당합니다. 말도 안 됩니다. 그런데 그게 은혜라니, 기뻐하라니.

마리아는 천사 가브리엘의 말에 '주의 여종이오니 말씀대로 이루어지기 원합니다'라고 답합니다. 마리아는 왜 하필 저입니까? 도대체 무슨 말씀을 하시는 겁니까? 제게는 약혼자가 있습니다. 혹시 제 약혼자 요셉에게는 다녀오셨습니까? 저는 이제 어떻게 해야 합니까? 라고 말하지 않습니다. 참으로 놀랍습니다. 과연 하나님의 아들의 첫 처소가 될 만한 여인이로다, 싶습니다.

천사 가브리엘은 마리아에게 나타나서는 밑도 끝도 없이 말했습니다 -'기뻐하라 은혜 입은 자야.' 마리아에게 찾아온 그 은혜라는 것, 당혹스럽기 짝이 없습니다. 당시 유대 여인들은 12세에서 15세 즈음에 정혼했으니 마리아는 아무리 나이가 많다 해도 15세 정도입니다. 오늘날로 치면 20대 후반이나 30대 초반 정도의 나이가 되지 않을까 싶습니다. 천사 가브리엘이 말한 그 은혜라는 것, 나이가 많든 적든 감당하기 어려운 무거운 은혜입니다.

생각해 봅시다. 나에게는 약혼자가 있습니다. 나는 그 남자와 동침한 적이 없습니다. 그런데 아기를 갖게 된다니. 게다가 성령으로 잉태가 된다니 도무지 무슨 말인지 모르겠습니다. 그 아이가 다윗의 왕위를 어쩌고저쩌고. 그 어디에서도 듣도 보도 못한 이야기입니다. 가브리엘이 전한 말의 앞부분도 소화가 안 되는데 뒷부분은 그 스케일이 어마어마합니다.

뒷부분이 좋으니 앞부분은 상관없을까요? 결혼식을 올리기 전에 정혼자의 아이를 가져도 수치였던 때에 정혼자의 아이도 아닌 성령으로 잉태된 아이라니(눅1:35). 무슨 말인지도 모르겠거니와 과연 그것이 은혜가 맞는 것인지. 마리아에게 임한 그 은혜라는 것은 그동안 우리가 생각해 온 은혜와는 차원이 다른 은혜입니다. 당혹스러운 은혜, 수치를 가져다줄 황당한 은혜입니다.

당혹스러운 은혜, 황당한 은혜

은혜는 멀리서 볼 때는 한 없이 풍성하고 아름답지만 정작 내 삶에서 만나는 은혜는 황당하고 당혹스러운 모습으로 올 때가 많습니다. 은혜의 실체라는 것, 실은 우리 피조물이 감당하기에는 그리 만만치 않습니다. 하나님의 은혜는 우리의 이해 범주를 뛰어넘는 그 무엇이기 때문입니다.

멀리서 듣던 은혜, 겉핥기로 만나는 은혜, 어깨너머로 본 은혜, 그것은 풍요이며 즐거움이며 아름다움 그 자체입니다. 모두를 향한 은혜는 충만이며 평안이며 아름다움 그 자체 맞습니다. 무리로 만나는 은혜는 감탄의 연속 맞습니다. 하지만 개별적으로 깊은 은혜로 들어갈 때는 다릅니다. 은혜의 개별적 방문은 오히려 당혹스러울 때가 더 많습니다. 멀리서 은혜를 구경만 하는 사람들은 은혜를 매우 값싸게 만납니다. 은혜를 골라서 받으려고 합니다. 가벼이 믿고 가벼이 살고 싶어 합니다. 그래서 묵직한 은혜 앞에서는 도망치기 일쑤입니다.

성경에서 '은혜'라는 단어가 제일 먼저 나오는 곳은 노아 이야기에서 입니다.

창세기 6:8
그러나 노아만은 주님께 은혜를 입었다.

하나님께서 짐승과 땅 위를 기어다니는 것과 공중의 새까지 홍수로 쓸어버리기로 작정하셨던 그때에 노아만은 주님께 은혜를 입었다고 성경은 말합니다. 노아가 입었다는 그 은혜, 과연 어떤 은혜입니까? 먼저는 방주를 지어야 하는 은혜입니다. 산 위에서 가족들과 내내 방주를 지어야 합니다. 매일 매일 눈을 뜨면 옷을 주섬주섬 입고 나무를 해오고 나무를 자르는 노동을 해야 하는 은혜입니다. 사람들에게 미친 노인네라는 소리를 들어야 하는 은혜입니다. 미쳐도 곱게 미치지 산 위에서 큰 배를 만들겠다니, 날이 이렇게 좋은데 무슨 홍수가 난다고. 온갖 비웃음과 조롱 가운데에서 묵묵히 일을 해야 하는 은혜입니다.

홍수 이후에도 그렇습니다. 홍수 후에 '내가 살아서 다행이다'가 아니라 '차라리 나도 그들과 함께 죽었더라면' 하면서 견뎌야 하는 은혜입니다. 노아가 포도주에 취한 것은 어쩌면 그 은혜가 너무 힘겨워 술에 취하지 않고는 살 수 없어서인지도 모르겠습니다. '은혜', 만나면 만날수록 표현할 길 없는 경이로운 단어인 동시에 피조물인 우리의 사유의 범주에서는 도무지 이해가 안 되는 묵직한 단어입니다. 그렇게 노아의 등장과 함께 나타난 '은혜'라는 단어는 계속 그랬습니다.

아브라함은 하나님의 부르심이라는 은혜 속에서 낯선 곳으로 가야 했고, 그곳에서 기근을 만납니다. 요셉은 아버지 야곱이 베푼 특별한 은혜로 인해 형제들에게 버림받아야 했습니다. 다윗은 기름 부음이라는 은혜 이후 자신의 주군인 사울 왕에게 쫓기는 신세가 되어야 했습니다. 사도바

울은 또 어떻습니까? 다메섹에서 주를 만나는 은혜를 입지만 그 후 그는 동족들에게는 핍박당하고 이방인들에게는 외면당하며 매일 쫓기며 매 맞으며 살아야 했습니다.

지금 마리아가 입은 은혜는 당혹스럽고 황당한 은혜입니다. 누가복음은 마리아 이야기에 앞서 은혜를 입은 또 한 사람의 이야기를 들려줍니다. 늙은 나이에 세례 요한을 임신한 엘리사벳 이야기가 바로 그것입니다. 마리아도 엘리사벳도 둘 다 하나님의 은혜를 입은 것은 맞는데, 엘리사벳과 마리아는 조금 다릅니다. 엘리사벳은 자녀를 달라고 기도해 왔습니다. 이제는 나이가 들어서 자녀를 포기했을지는 몰라도 내내 기도해 오던 바입니다. 천사가 사가랴에게 네 간구를 주님이 들어주셨다는 말을 하는 것으로 보아 그 부부가 자녀에 대해 기도를 해왔음을 알 수 있습니다.

누가복음 1:13
천사가 그에게 말하였다. "사가랴야, 두려워하지 말아라. 네 간구를 주님께서 들어 주셨다. 네 아내 엘리사벳이 너에게 아들을 낳아 줄 것이니, 그 이름을 요한이라고 하여라."

간절히 바라오던 일이었지만 이미 포기한 지 오래된 어느 날, 잊고 있던 기도를 천사가 와서 다시 꺼내 듭니다. 사가랴 부부는 나이가 많이 들어서 이제는 자녀에 대한 소망을 내려놓았지만 그래도 한때 간절히 바라던 일이었습니다. 천사의 말대로 아들을 낳게 된다면 조금은 남사스럽고 힘에 부칠 수는 있겠지만 그래도 감당해 볼 만한 일입니다. 하지만 마리아는 다릅니다. 전혀 기도한 적 없습니다. 전혀 바란 적이 없는 정도가 아니라 상상조차 할 수 없었던 일이 일어난 겁니다.

이제 은혜 입은 마리아에게 어떤 일이 기다릴까요? 서서히 배가 불러올 테고 그러면 동네에서 손가락질을 받을 것입니다. 얌전한 고양이 부뚜막에 먼저 올라간다더니 마리아 고것이 저럴 줄은 몰랐네, 온갖 비난과 조롱을 감당해야 합니다. 정혼자 요셉에게는 어떻게 설명할 수 있을까? 요셉이 과연 믿어 줄까? 요셉과는 파혼할 수밖에 없겠구나, 부모님께는 또 어떻게 말해야 하나, 친구들은 나를 어떻게 생각할까? 아기는 어떻게 키워야 하지? 은혜받은 자에게 닥쳐올 일은 하나같이 힘겨운 일뿐입니다.

천사 가브리엘은 하나님께서 마리아가 낳을 아이를 통해 큰일을 하실 것이라 말합니다. 마리아가 낳을 아이는 위대하게 되고, 다윗의 왕위를 받게 될 것이라고, 그는 영원히 야곱의 집을 다스리고 그의 나라는 무궁할 것이라고, 그는 더없이 높은 분의 아들이라 불릴 것이라고 말합니다(눅1:32-35). 천사의 말을 절반만 이해해도 엄청나게 큰 은혜인 것은 분명하지만, 마리아는 그에 앞서 그 아들이 채찍에 맞고 십자가에 못 박히는 것을 보아야 합니다. 그 아들을 앞서 보내야 합니다. 죄인이 되어 십자가에 못 박히는 것을 보는 어미가 되어야 합니다. 그게 과연 은혜받은 자의 삶, 맞는 것입니까? 마리아가 예수의 십자가 죽음을 얼마나 이해했는지 알 수 없지만 이해하든 못하든 그 고통의 크기는 달라지지 않을 것입니다. 이래도 마리아가 은혜받은 자입니까? 성경은 우리가 어떻게 생각하든 상관없이 그것이 은혜라고 말합니다.

　하나님의 아들이 여자 사람의 몸 안으로 들어가 열 달을 지내며 사람의 아들로 형성되는 여정을 지나는 것, 그것 자체가 예수에게는 이미 십자가입니다. 하나님의 아들이 시간 속으로 들어와 시공간의 제약을 받으며 살기로 한 것 자체가 이미 십자가입니다. 또한 사람 마리아에게는 그런 하나님의 아들을 잉태한다는 것 자체가 십자가입니다. 이제 마리아 앞에는 수치스러운 길, 부끄러운 길이 놓여있습니다. 그 누구도 걸어본 적 없는 그 길을 그는 걸어가게 됩니다.

마리아라는 이름은 미리암(מִרְיָם)에 어원을 둔다는 의견도 있고 마라(מָרָה)에서 왔다는 의견도 있습니다. 마라로 본다면 '쓰다, 괴롭다'라는 의미를 갖는 것이고, 미리암으로 보면 '사랑받는 자'라는 의미를 갖게 됩니다. 그러고 보니 하나님의 사랑을 받는다는 것은 때로 이 땅에서 쓰디쓴 괴로움의 길을 가야 하는 것인지도 모르겠다는 생각이 듭니다. 하나님은 그 쓰디쓴 길 속에서 하나님의 사랑을 깊이 만나게 하셨는지도 모르겠습니다.

우리는 하나님의 은혜를 너무 말랑말랑하게만 생각합니다. 세상 누구나 흠모할 만한 그 어떤 것을 은혜라고 생각합니다. 물론 그런 은혜도 있습니다. 어쩌면 우리가 만나는 은혜의 시작은 대개가 그렇습니다. 은혜와의 첫 만남은 대개 누구나 부러워할 만합니다. 그렇습니다. 무리로서 만나는 은혜는 이해하기 어렵거나 수용하기 힘들지 않습니다. 하지만 진짜 그리스도인으로 살기로 작정하면 그런 은혜 너머에 불편한 은혜, 황당한 은혜, 당혹스러운 은혜를 만나게 됩니다. 우리들의 십자가는 그렇게 시작됩니다. 조금은 무겁게 조금은 불편하게 시작됩니다. 그런 은혜의 시간을 통과하고 나면 이제 더 깊은 충만, 더 깊은 기쁨으로 은혜를 경험합니다. 무리로 만날 때와는 차원이 다른 충만, 차원이 다른 기쁨을 만납니다. 그러면 이 땅에서 만나는 모든 것이-이전에는 은혜라고 생각하지 못했던 실패도 가난도 결핍도 넘어짐도-은혜임을 만나게 됩니다.

　예수라는 인격이, 예수라는 은혜가 우리에게 올 때 나사렛이라는 작디작은 동네에서 마리아라는 흔하디흔한 이름의 여인의 몸을 통해 오셨습니다. 흠모할 만한 것이라고는 도무지 찾아볼 수 없는 배경을 가지고 나타나셨습니다. 흠모할 것 없는 그분이건만, 그분을 만나고 나면 그분이야말로 이 세상 모든 흠모함의 근원이심을 우리는 알게 됩니다. 그분과 함께 그분 안에 거하면 이 세상 그 어디에서도 만나보지 못한 흠모할 만한 것들을 한도 끝도 없이 만나게 됩니다.

홀로의 시간, 하지만 결코 홀로가 아님을

마리아는 자신에게 일어난 일을 어느 누구에게도 말할 수가 없습니다. 말한다 한들 믿어 줄 사람도 없을 터. 마리아는 철저히 홀로 그 시간을 감당해 내야 합니다. 이제 손가락질당하는 삶을 각오해야 합니다. 마리아는 천사 가브리엘이 떠난 후 곰곰이 생각에 잠깁니다. 마리아는 천사 가브리엘을 분명히 만났고 가브리엘에게 '주의 여종이오니 말씀대로 내게 이루어지이다'라고 화답했지만 천사가 떠난 후 얼떨떨하기만 합니다. '지금 내가 뭘 보고 뭘 들은 거지? 헛것을 본 것은 아닐까? 정말 뭘 보고 들은 것 맞나? 꿈꾼 것은 아닐까?' 천사 가브리엘이 떠나자 혼란스럽습니다. 천사를 만난 자신이 의심스럽기도 합니다. 그런 와중에 천사가 한 말이 떠오릅니다. '그래, 나이 많은 친척 엘리사벳도 아기를 가진 지 여섯 달이 되었다고 했지.'

누가복음 1:36
보아라, 그대의 친척 엘리사벳도 늙어서 임신하였다. 임신하지 못하는 여자라 불리던 그가 임신한 지 벌써 여섯 달이 되었다.

마리아는 서둘러 유대 산골의 한 동네, 사가랴와 엘리사벳이 사는 곳으로 갑니다.

누가복음 1:39-40
그 무렵에, 마리아가 일어나, 서둘러 유대 산골에 있는 한 동네로 가서, 사가랴의 집에 들어가, 엘리사벳에게 문안하였다.

마리아는 지금 엘리사벳에게 가서 뭘 하겠다는 것은 아닙니다. 그저 엘리사벳이 보고 싶습니다. 알 수 없는 어떤 간절함으로, 설명하기 어려운 어떤 막연함으로 엘리사벳에게 갑니다. 마리아가 엘리사벳의 집에 도착하자 너무도 놀라운 일이 벌어집니다. 엘리사벳이 마리아의 목소리를 듣자 엘리사벳 태중의 아이가 뱃속에서 뛰놉니다.

누가복음 1:42-45
큰 소리로 외쳐 말하였다. "그대는 여자들 가운데서 복을 받았고, 그대의 태중의 아이도 복을 받았습니다. 내 주님의 어머니께서 내게 오시다니, 이것이 어찌된 일입니까? 보십시오. 그대의 인사말이 내 귀에 들어왔을 때에, 내 태중의 아이가 기뻐서 뛰놀았습니다. 주님께서 하신 말씀이 이루어질 줄 믿은 여자는 행복합니다."

마리아가 자신의 상황을 말하기도 전에 엘리사벳이 먼저 알아봅니다. 엘리사벳은 한참 나이 어린 마리아에게 '내 주님의 어머니'라고 합니다. 엘리사벳이 마리아가 처한 상황을 알고 있다니. 엘리사벳의 뱃속의 아기(세례요한)가 뛰놀며 반응을 보이다니. 어떻게 이런 일이 있을 수 있을까요? 성령이 아니고서는 도무지 있을 수 없는 반응입니다.

　엘리사벳은 임신한 후 스스로 숨어 지낸 사람입니다. 세상을 향해서는 귀와 입을 닫고 오로지 하나님께만 집중한 사람입니다. 그 어느 때보다 하나님의 임재에 민감하게 반응하고 있습니다. 마리아는 엘리사벳의 이런 반응을 보고 어떤 마음이 들었을까요? '아, 정말 뭔가 어마어마한 일이 일어나고 있구나' 생각했을 것입니다. 그리고 자신의 연약함과 두려움을 아시고 엘리사벳을 통해 힘을 주시는 하나님의 세심한 사랑에 감복했을 것입니다.

　엘리사벳과 마리아. 한 여인은 아기를 갖기에는 너무도 늙은 나이인데 아기를 갖게 되었고, 한 여인은 남자와 동침한 적 없는데 아기를 갖게 되었습니다. 한 여인의 아기는 사람들을 하나님께로 돌아오게 하는 일을 하게 될 것이고, 한 여인의 아기는 지극히 높으신 이의 아들이라 일컬음을 받게 될 것입니다. 하나님은 두 아이의 이름은 물론, 태어나서 하게 될 일을 알려주셨습니다. 엄청난 일인 것 같기는 한데 너무도 막연하게 느껴집니다. 앞으로 무슨 일이 어떻게 일어날지 모르겠습니다. 이 두 사람은 서로가 아니면 어느 누구와도 나눌 수 없는 일 한 가운데 있습니다. 좋은 일 같기도 하고 힘든 일 같기도 하고 기쁜 것 같기도 하고 두려운 것 같기도 하고. 자신이 선택한 적 없지만 하나님이 정하신 길이라는 것, 그리고 남들과는 다른 길이라는 것만은 분명합니다. 엘리사벳과 마리아, 이 두 사람의 십자가의 길이 시작되었습니다.

십자가의 길에 들어선 사람들은 서로를 알아봅니다. 서로를 통해 위로를 받습니다. 깊이 교제합니다. 다른 사람이 볼 때는 다 늙어서 임신한 남사스러운 여인인데, 정혼 기간에 임신한 수치스러운 여인인데, 그 둘은 서로를 귀히 여기며 서로에게 복을 빌어 줍니다.

내 안에 예수가 오시면 우리도 마리아가 됩니다

우리가 예수를 구주로 고백한다는 것은 복음을 잉태했다는 것입니다. 이제 그 복음은 우리 안에서 서서히 자랄 것입니다. 복음을 잉태한 사람은 이제 은혜를 받은 자, 마리아가 됩니다. 우리 역시 복음이 뭔지 잘 모르는 채 복음을 잉태합니다. 복음에는 기쁨과 두려움이 어우러져 있습니다. 크게 보면 모두 기쁨이지만 그 기쁨의 실체를 알기까지는 두려움의 시간도 지나게 됩니다. 기쁨을 기쁨으로 알지 못할 때 하나님은 나보다 조금 먼저 그 삶을 살고 있는 엘리사벳을 만나게 하십니다. 아직 아무 것도 모르지만 예수를 모신 삶이 얼마나 위대한 삶인지 나의 엘리사벳들이 보여줍니다. 엘리사벳은 사랑스러운 마리아를 보며 기뻐합니다. 마리아들은 자신보다 반걸음 앞서 걸어가는 엘리사벳과 모든 것을 나눌 수 있습니다.

다윗에게는 요나단이라는 친구가 있었습니다. 요나단의 아버지 사울

왕은 다윗을 죽이는데 혈안이 되어 있지만 다윗과 요나단은 둘도 없는 친구입니다. 그날도 다윗은 사울을 피해 도망해야 하는 날입니다. 요나단은 다윗이 하나님을 힘 있게 의지하도록 돕습니다.

사무엘상 23:16
사울의 아들 요나단이 일어나 수풀에 들어가서 다윗에게 이르러 그에게 하나님을 힘 있게 의지하게 하였는데 (개역개정)

요나단은 다윗을 죽이려는 자신의 아버지 사울을 막을 수는 없었습니다. 왕자이건만 다윗을 보호해 줄 수 없었습니다. 그저 다윗이 하나님을 힘 있게 의지하도록 돕는 것 외에 달리 할 수 있는 일이 없습니다. 요나단이 한 그 일, 다윗으로 하여금 하나님을 힘 있게 의지하도록 돕는 일, 그 일이야말로 하나님이 요나단을 통해 하시고자 한 일입니다.

다윗과 요나단, 마리아와 엘리사벳, 이들의 관계는 그리 오래가지는 못했습니다. 하지만 하나님은 우리에게 그때그때 요나단과 엘리사벳을 보내주십니다. 만나서 하나님 얘기를 하고 내게 일어난 놀라운 일을 나눕니다. 물론 우리가 요나단이 되고 엘리사벳이 되기도 합니다. 지금의 상황이 어떤 결과를 가져올지 모르지만 그저 하나님을 의지하도록 서로를 격려하는 나의 엘리사벳, 나의 마리아를 만나게 됩니다. 내가 지금 마리아라면, 반드시 찾아갈 만한 엘리사벳이 있습니다. 내가 지금 엘리사벳이라면 반드시 마리아가 찾아올 것입니다. 예수를 잉태한 자, 복음을 가진 자를 하나님은 홀로 두시지 않습니다.

칼이 당신의 마음을 찌를 것입니다

누가복음 2:34-35
시므온이 그들을 축복한 뒤에, 아기의 어머니 마리아에게 말하였다. "보십시오, 이 아기는 이스라엘 가운데 많은 사람을 넘어지게도 하고 일어서게도 하려고 세우심을 받았으며, 비방 받는 표징이 되게 하려고 세우심을 받았습니다. - 그리고 칼이 당신의 마음을 찌를 것입니다.- 그리하여 많은 사람의 마음 속 생각들이 드러나게 될 것입니다."

마리아와 요셉은 아기 예수의 할례를 위해 예루살렘으로 갑니다. 예루살렘 성전에서 아기 예수를 알아보는 두 사람을 만납니다. 시므온과 안나입니다. 특별히 시므온은 아기 예수를 안고서는 하나님을 찬양하며 아기 예수를 축복합니다. 그리고는 축복의 말끝에 마리아에게 말합니다-'칼

이 당신의 마음을 찌를 것입니다.'

　시므온은 아기 예수가 구원자임을 알아보는 동시에 마리아가 겪을 고통도 알아보았습니다. 예수의 어머니 마리아는 하나님의 여성적 속성을 드러내 주는 여인 중 하나입니다. 마리아는 아들 예수가 죽어가는 과정을 모두 봅니다. 칼이 마음을 찌르는 듯한 고통, 심장이 녹아내리는 듯한 고통을 그대로 겪습니다. 인류는 마리아의 고통을 생각하며 피에타(Pieta)라는 미술 장르를 만들었습니다. 십자가에서 내려진 예수를 안고 있는 마리아상이나 그림을 우리는 피에타라고 부릅니다(피에타는 이탈리아어로 슬픔과 비탄을 뜻합니다).

　우리 주 예수께서 나인성 과부의 아들을 살리신 것은 어쩌면 자신의 어머니가 겪을 고통을 생각하며 가슴 깊은 곳에서 올라오는 깊은 긍휼함으로 살리셨을지도 모르겠습니다. 은혜받은 자로 등장한 마리아는 그렇게 극심한 고통의 시간을 통과합니다. 마리아는 그 고통을 통과하며 아들 예수를 자신의 구주로 만납니다.

　예수는 십자가 위에서 어머니 마리아를 바라보고 말합니다-어머니,

이 사람이 어머니의 아들입니다. 요한을 가리켜 하는 말입니다. 요한에게도 말합니다-이 분이 네 어머니시다. 십자가 위에서 극심한 고통 중에서 한 번은 마리아를 보고, 한 번은 요한을 보고 말씀하십니다.

> **요한복음 19:26-27**
> 예수께서는 자기 어머니와 그 곁에 서 있는 사랑하는 제자를 보시고, 어머니에게 "어머니, 이 사람이 어머니의 아들입니다"하고 말씀하시고, 그 다음에 제자에게는 "자, 이분이 네 어머니시다"하고 말씀하셨다. 그 때부터 그 제자는 그를 자기 집으로 모셨다.

마리아에게는 다른 아들들도 있었지만(막6:3), 그날 이후 주님의 제자 사도 요한과 함께 지냅니다. 예수께서는 마지막까지 어머니 마리아를 챙기는 것으로 마리아가 은혜받은 자임을 다시 드러내 주십니다.

마리아는 하나님의 마음을 그대로 품은 여인입니다. 성경이 마리아의 눈물을 따로 다루지 않는 것은 그 아픈 눈물은 마리아라는 한 사람의 눈물이 아니라 하나님의 눈물이기 때문입니다. 하나님은 마리아를 통해 자신의 눈물을 흘리셨습니다. 아들 예수를 잃은 하나님 아버지의 눈물을 여자 사람 마리아, 나사렛 사람 마리아가 아프게 흘립니다.

예수 믿는 것이 죄가 되어

마리아가 성전에서 시므온에게 들은 그 말, '칼이 네 마음을 찌르듯 하리라'는 말은 다름 아닌 성부 하나님의 고통입니다. 하나님의 아들 예수의 죽음은 하나님 아버지의 마음을 찌르는 듯한 고통을 담보로 합니다. 우리가 받은 은혜가 때때로 무겁고 힘겨운 이유는 하나님의 고통을 담보한 은혜이기 때문입니다.

예수를 모신 심령이 만나는 고통이 있습니다. 예수 믿는 것이 죄가 되어 겪는 고통입니다. 내가 죄인임을 만나고 감사함으로 예수를 믿은 것뿐인데 어느새 예수 믿는 것이 죄가 되어버렸습니다. 예수 때문에 한 걸음 물러나고 예수 때문에 인내하고 예수 때문에 기꺼이 지고 예수 때문에 변명하지 않고 예수 때문에 침묵하고, 그러고 보니 영락없는 죄인의 모습입니다. 그리스도인은 때때로 그렇게 죄인의 자리로 갑니다. 예수를 믿지 않았다면 겪지 않았을 고통을, 은혜받지 않았다면 겪지 않아도 될 고통을 겪습니다. 그렇습니다. 은혜받은 자가 짊어져야 하는 십자가, 은혜받은 자가 흘리는 눈물이 있습니다. 그 고통과 그 눈물을 통해 우리는 예수의 자리로 가게 됩니다.

이 땅 한 귀퉁이에서 누가 알든 모르든 볼품없는 나사렛 사람으로, 흔하디흔한 마리아로 살아가는 사람들, 그들이 오늘의 예수입니다. 그들이 바로 우리가 만날 예수입니다.

6. 베드로의 통곡, 내 영혼의 닭이 울 때

주님이 잡히시던 그 밤, 어둠 속에서 통곡소리가 들려옵니다. 주님이 계신 대제사장의 집 뜰은 여느 밤과 달리 횃불이 환히 밝혀져 있고 사람들로 북적거립니다. 대제사장 집 밖은 여느 밤과 같이 거니는 사람도 없고 온통 흑암뿐입니다. 그 흑암 속에서 한 남자의 통곡 소리가 들려옵니다. 꺼이꺼이 흑흑흑 엉엉…. 한 사람의 처연한 울음소리가 멀리 퍼지고 또 그 자리에 머뭅니다. 그 울음의 주인공은 바로 주님의 제자 베드로입니다. 베드로는 그 밤, 주를 향한 죄송함으로 자신에 대한 절망으로 어둠 속에서 목 놓아 웁니다.

그가 통곡하기 몇 시간 전으로 가보겠습니다. 주님은 제자들과 마지막 유월절 식사를 하십니다. 예수께서는 마지막 유월절 식사인 동시에 이 땅에서의 마지막 식사입니다. 주님은 그 자리에서 제자 중 누군가가 자신을 팔 것이라고, 그리고 제자들이 그 밤에 다 주를 버릴 것이라고 말씀하십니다.

> **마가복음 14:18**
> 그들이 자리를 잡고 앉아서 먹고 있을 때에, 예수께서 말씀하셨다. "내가 진정으로 너희에게 말한다. 너희 가운데 한 사람, 곧 나와 함께 먹고 있는 사람이 나를 넘겨줄 것이다."

> **마가복음 14:27**
> 예수께서 제자들에게 말씀하셨다. "너희가 모두 걸려서 넘어질 것이다. 성경에 기록하기를 '내가 목자를 칠 것이니, 양 떼가 흩어질 것이다' 하였기 때문이다."

너희가 나를 버릴 것이라는 주님의 말씀에 베드로는 호기롭게 말합니다-'다들 주를 버릴지라도 저는 그리 하지 않을 겁니다.' 베드로의 호언장담에 주께서 말씀하십니다-'네가 오늘 밤 닭이 두 번 울기 전에 나를 세 번 부인할 것이다.'

> **마가복음 14:29-31**
> 베드로가 예수께 말하였다. "모두가 걸려 넘어질지라도, 나는 그렇지 않을 것입니다." 예수께서 그에게 말씀하셨다. "내가 진정으로 너에게 말한다. 오늘

밤에 닭이 두 번 울기 전에, 네가 세 번 나를 모른다고 할 것이다." 그러나 베드로는 힘주어서 말하였다. "내가 선생님과 함께 죽는 한이 있을지라도, 절대로 선생님을 모른다고 하지 않겠습니다." 나머지 모두도 그렇게 말하였다.

주님의 말씀에 베드로는 다시 한번 주와 함께 죽을지언정 주를 부인하지 않겠노라고, 절대로 그런 일은 없을 거라고 말합니다. 그는 사실 이렇게 말하고 싶었을지 모릅니다-'주님, 아직도 저를 모르시나 본데, 저는 의리로 살고 의리로 죽는 사람이라구요. 주님이 생각하는 그런 일은 절대 없을 테니 걱정 붙들어 매십시오.' 그는 정말 자신 있었습니다. '너희가 모두 걸려 넘어질 것이다'라는 주의 말씀 속 그 '너희'에 베드로 자신이 들어 있다는 것이 못내 서운할 지경입니다. 게다가 오늘 밤 닭이 울기 전에 어쩌고저쩌고… 내가 주님을 부인한다고요? 말도 안 됩니다. 주와 함께 죽을지언정 절대 그런 일은 없습니다. 그렇게 자신만만하던 베드로입니다. 그런 그가 불과 몇 시간 후 주님을 모른다고 부인합니다.

베드로는 가장 가까이서 주님을 경험한 사람입니다. 주님은 제자들 중 베드로와 야고보와 요한을 특별히 가까이 두셨습니다. 회당장 야이로의 딸을 살리실 때도(막5:36-37), 변화산에 오르실 때도(마17:1-2), 그리고 겟세마네에서 기도하실 때도(막14:28-29) 이 세 제자를 곁에 두셨습니다. 베드로와 야고보와 요한은 다른 제자들이 보지 못한 예수의 모습을 보았습니다. 해같이 빛나는 얼굴에 빛처럼 희디흰 옷을 입으신 주님의 모습을 그들은 보았습니다. 죽은 소녀를 살리시는 때도 바로 곁에 있었습니다. 주님은 겟세마네에서 기도하실 때도 자신의 모습을 먼발치서나마 볼 수 있게 그들에게 허락하셨습니다(물론 그들 역시 자느라 보지 못했지만 말입니다).

주께서 가까이 두셨던 이 세 명의 제자 중에서도 베드로는 남다른 제자입니다. 베드로는 주와 함께 물 위를 걸었던 유일한 제자, 아니 유일한 사람입니다(마14:28-29). 베드로는 또한 주는 그리스도시요, 살아계신 하나님의 아들이라는 놀라운 신앙고백을 한 사람입니다. 주님은 그의 신앙 고백 위에 주님의 교회를 세우겠다고 말씀하셨습니다(마16:16-18).

베드로는 예수를 가장 많이 누린 사람입니다. 주님을 가장 열심히 가장 가까이서 따른 사람입니다. 묻는 말씀에 서슴없이 대답한 당찬 베드로였습니다. 그런 그가 예수를 모른다고 부인합니다. 그 어느 누구도 베드로가 주님을 모른다고 할 줄은 몰랐습니다. 어느 누구도 말입니다. 사실 누구보다도 놀란 사람은 베드로 자신이었습니다. 그렇습니다. 주를 부인하는 베드로를 보고 가장 놀란 사람은 바로 베드로 자신입니다.

멀찍이-떠나지도 못하고 가까이 가지도 못하고

그 밤은 예수께 가장 길고 긴 밤입니다. 아니 인류 역사상 가장 긴 밤이라 해도 좋을 것 같습니다. 주님은 지금 십자가를 향해 한 걸음도 허튼 걸음 없이 걷고 계십니다. 주님은 유월절 식사를 마치시고 늘 하시던 대로 감람산으로 가십니다(눅23:39). 그날은 제자들도 함께 갑니다. 그곳에서 예수는 하나님 아버지께 땀방울이 핏방울이 되도록 간절히 기도하십니다. 기도를 마치신 주님 앞에 한 무리가 다가옵니다. 주님의 제자 가룟 유다를 앞세운 군 병력입니다. 요즘 표현으로 하면 공권력이 투입된 것입니다. 예수 한 사람을 잡기 위해 적어도 200명 이상의 군인들이 감람산까지 왔습니다. 혹시나 모를 반란에 대비하려 한 것으로 보입니다. 가룟 유다의 입맞춤이 신호가 되어 예수 그리스도는 그 자리에서 체포되십니다. 그리고 대제사장의 집으로 끌려가십니다. 사람들이 모여 있을 시간이 아님에도 대제사장 집 뜰에는 사람들이 많이 모여 있습니다. 대부분이 대제사장들을 비롯한 종교권력자들에 의해 동원된 사람들입니다. 주님의 제자들은 이미 뿔뿔이 흩어진 상태입니다.

> **누가복음 22:54-62**
> 그들은 예수를 붙잡아서, 끌고 대제사장의 집으로 데리고 갔다. 그런데 베드로는 멀찍이 떨어져서 뒤따라갔다. 사람들이 뜰 한가운데 불을 피워놓고 둘러앉아 있는데, 베드로도 그들 가운데 끼어 앉아 있었다.
> 그 때에 한 하녀가 베드로가 불빛을 안고 앉아 있는 것을 보고, 그를 빤히 노려보고 말하였다. "이 사람도 그와 함께 있었어요." 그러나 베드로는 그것을 부인하여 이렇게 말하였다. "여보시오, 나는 그를 모르오."
> 조금 뒤에 다른 사람이 베드로를 보고서 말했다. "당신도 그들과 한패요." 그러나 베드로는 "이 사람아, 나는 아니란 말이오" 하고 말하였다. 그리고 한 시간쯤 지났을 때에, 또 다른 사람이 강경하게 주장하였다. "틀림없이, 이 사람도 그와 함께 있었소. 이 사람은 갈릴리 사람이니까요."
> 그러나 베드로는 이렇게 말하였다. "여보시오, 나는 당신이 무슨 소리를 하는지 모르겠소" 베드로가 아직 말을 채 끝내기도 전에, 곧 닭이 울었다. 주님께서 돌아서서 베드로를 똑바로 보셨다. 베드로는, 주님께서 자기에게 "오늘 닭이 울기 전에, 네가 세 번 나를 모른다고 할 것이다"하신 그 말씀이 생각났다. 그리하여 그는 바깥으로 나가서 비통하게 울었다.

베드로는 주님 곁을 떠나지는 않았지만 그렇다고 주님 곁에 가까이 있지도 않았습니다. 주님과 별 상관없는 사람처럼 떨어져서 주를 따라갑니다. 성경은 그가 '멀찍이 뒤떨어져' 따라갔다고 말합니다. 멀찍이, 그렇습니다. 멀찍이서 주를 따라갑니다. 주님과 같은 공간에 있지만 그렇다고 주님과 함께 있다고 할 수는 없는 거리. '멀찍이'입니다. 조금 불리해지면 언제든 도망칠 수 있는 거리, 주께서 뭔가 능력을 발휘하시면 가까이 달려갈 수 있는 거리, 나름의 안전한 거리, 멀-찍-이입니다.

베드로는 예수와 상관없는 사람인 양 무리 속에 묻혀서 대제사장 집으로 들어갑니다. 새벽 추위를 달래기 위해 피워놓은 불 주변에 사람들이 모여 있습니다. 베드로는 슬그머니 그들 곁에 앉습니다. 거기서 주님이 어떻게 되나 살펴볼 요량입니다. 그의 가슴은 지금 두근두근 뛰고 있습니다. 선생님이 잡히셨으니 그 제자도 위험할 수 있는 상황입니다. 나름의 용기를 내어 거기까지 왔지만 많이 두렵습니다. '설마 날 알아보는 사람은 없겠지' 하는 마음으로, '제발 날 알아보는 사람이 없어야 할 텐데' 하는 마음으로 앉아 있습니다.

약간의 시간이 흐른 뒤 어디선가 나타난 한 여종이 베드로를 알아보고는 이 사람도 예수와 함께 있던 사람이라고 말합니다. 어둠 속임에도 용케 베드로를 알아본 것입니다. 당혹스런 베드로는 한 치의 망설임 없이 나는 그를 알지 못한다고 말합니다. 베드로의 말에 더 이상 추궁하지 않자 베드로는 한시름 놓습니다. '휴우', 안도의 한숨을 쉰 것도 잠시, 다른 사람이 와서 또 묻습니다. "당신도 저들과 한 패 아닙니까?" 베드로는 이번에도 아니라고 부인합니다. 다시 위기를 모면하지만 도무지 마음을 놓을 수 없는 상황입니다.

잔뜩 긴장하고 있는데 다시 한 시간쯤 후에 다른 사람이 와서는 확신에 차서 말합니다. "이 사람은 갈릴리 사람으로 저와 함께 있던 사람이다." 이번에도 베드로는 아니라고 나는 당신이 무슨 말을 하는지 모르겠다고 말합니다. 그렇게 열심히 위기를 모면하며 긴장과 안도감 사이를 오가는 중에 어디선가 닭 울음소리가 들립니다-꼬끼오.

닭 울음소리가 나기는 했지만 베드로는 그 소리를 인식하지 못합니다. 듣기는 들었으나 겉도는 소리일 뿐입니다. 그저 스쳐 지나가는 생활

소음 정도였습니다. 자신의 안위에 전전긍긍하느라 닭 울음소리를 듣지 못한 겁니다. 그런데, 그런데 말입니다. 그가 사람들 틈에서 조마조마한 마음으로 몸을 숨기고 있을 때 아주 순식간에 '그 일'이 일어납니다. 베드로에게 평생 잊을 수 없는 '그 일'이 우연처럼 일어납니다.

베드로, 주와 시선이 마주치다

베드로의 통곡의 버튼은 닭 울음소리가 아니었습니다. 베드로의 통곡의 버튼은 바로 '그 일'-돌이켜 보시는 주님과의 눈 맞춤이었습니다. 베드로가 주를 부인하며 저주까지 하던 그때, 다시 들려오는 닭 울음소리가 채 공중에 흩어지기도 전에 주께서 돌이켜 베드로를 보십니다.

누가복음 22:61-62
주께서 돌이켜 베드로를 보시니 베드로가 주의 말씀 곧 오늘 닭 울기 전에 네가 세 번 나를 부인하리라 하심이 생각나서 밖에 나가서 심히 통곡하니라 (개역개정)

예수의 시선이 무리를 뚫고 베드로의 시선과 마주칩니다. 주님이 어떻게 되시나 힐끔힐끔 보았던 그의 시선을 주께서 시선으로 붙잡으십니다. 그 순간은 마치 스크린에서 모든 배경 모든 사람이 흑백인데 주님과 베드로만 주황색을 입힌 필름 같습니다. 그 필름이 천천히 돌아갑니다. 서서히 몸을 돌이키시는 주님, 주님과 눈이 마주치는 베드로. 주님과 베드로 사이에 많은 사람들이 있었지만 주님은 베드로를, 베드로는 주님을 정확하게 봅니다. 주의 눈동자에 베드로가, 베드로의 눈동자에 주님이 담깁니다. 바로 그 순간, 베드로는 둔기로 머리를 맞은 것 같습니다. 아, 주님이 하신 그 말씀이 선명히 떠오릅니다-'오늘 닭 울기 전에 네가 세 번 나를 모른다고 부인할 것이다.' 비로소 조금 전에 닭이 울었다는 것을 깨닫습니다. 그리고 이어 떠오릅니다. 자신이 호기롭게 한 그 말이, 들떠서 말한 자신의 모습이 떠오릅니다. 그는 주의 시선을 뿌리치고 사람들 사이를 헤치고 밖으로 나와 통곡합니다.

베드로, 자신의 민낯을 보다

'저는 다른 사람들과는 다릅니다. 절대 주님을 떠나는 일도 부인하는 일도 실망시킬 일도 없을 겁니다.' 베드로는 정말 자신 있었습니다. 당시 그의 말은 모두 진심이었을 것입니다. 조금 가벼워 보일 수는 있지만 나름 진심입니다. 우리가 주께 하는 고백처럼 말입니다. 진심이라는 말, 마음을 따뜻하게 해줍니다. 진심이면 다 통한다고 사람들은 말합니다. 하지만 우리의 진심이라는 것, 실은 우리도 잘 모를 때가 많습니다. 분명 그때는 그게 진심이었는데 시간이 흐르고 상황이 달라지니 그 진심은 온데간데없고 어느새 다른 진심이 떡 하니 자리를 차지하고 있습니다. 그때는 그게 진심이었는데 지금은 이게 진심입니다.

때로는 나도 모르는 나의 진심을 상황이 드러내 주곤 합니다. 나도 모르는 나를 상황이 만나게 해줍니다. 자신 없었는데 해내는 나를 보기도 하고, 너무도 자신 있었는데 쩔쩔매는 나를 보기도 합니다. 하나님은 우리의 진심이라는 것이 얼마나 얄팍한지 아십니다. 상황에 따라 어떻게 행동할지 무엇을 선택할지 다 아십니다. 다 아시면서도 기어이 우리를 특정 상황에 데려다 놓으십니다. 그렇게 하시는 이유는 우리가 어떤 태도로 무엇을 선택할지 정작 우리 자신이 모르기 때문입니다. 그래서 그 자리에서 진짜 너를 만나라고 네가 무엇을 택할지 직접 보라고 어떤 상황 속으로 데리고 가십니다.

아브라함은 하나님으로부터 아들 이삭을 바치라는 기묘한 요구를 받습니다. 도무지 이해할 수 없는, 아니 이해하고 싶지도 않은 하나님의 요구에 응하기 위해 아내와도 상의하지 않은 채 아침 일찍 길을 떠납니다. 하나님이 정하신 곳을 향해 사흘 길을 걸어갑니다. 하나님이 말씀하신 곳에 도착하여 이제 아들 이삭을 제물로 바치려 합니다. 정말 그는 이삭을 바치려고 합니다. 이해할 수 없는 하나님, 그리고 이해하기 힘든 아브라함입니다. 하나님도 그렇고 아브라함도 그렇고, 도무지 이해가 안 갑니다. 하나님이 정한 산에서 하나님이 하라는 대로 아들 이삭을 제물로 바치려고 칼을 들었을 때, 하나님이 그를 부르십니다-아브라함아, 아브라함아.

창세기 22:10-11
그는 손에 칼을 들고서, 아들을 잡으려고 하였다. 그 때에 주님의 천사가 하늘에서 "아브라함아, 아브라함아!"하고 그를 불렀다. 아브라함이 대답하였다. "예, 여기 있습니다."

아들 이삭을 바치려는 아브라함을 멈추게 하신 것은 다름 아닌 그 일을 하라 하신 하나님입니다.

창세기 22:12
사자가 이르시되 그 아이에게 네 손을 대지 말라 그에게 아무 일도 하지 말라 네가 네 아들 네 독자까지도 내게 아끼지 아니하였으니 내가 이제야 네가 하나님을 경외하는 줄을 아노라 (개역개정)

하나님은 칼을 든 아브라함을 멈추게 하신 후 말씀하십니다-'네가 네 아들 네 독자까지도 내게 아끼지 아니하는 걸 보니 네가 하나님을 경외하는 줄을 이제야 알겠구나.' 이제야 아셨답니다. 하나님이신데 이제야 아셨다니 사실 말이 안 됩니다. 하나님이 보셔야 안다니 그렇다면 우리와 다를 바 없는 존재 아닌가요?

사실 하나님은 이미 아셨습니다. 아브라함은 이삭을 바칠 정도로 하나님을 경외하고 있다는 것을. 그런데 왜 이런 일을 하시는 걸까요? 그것은 아브라함 자신이 하나님을 향한 자신의 믿음을 모르기 때문입니다. 이 사건이 기록된 창세기 22장은 이렇게 시작합니다.

> **창세기 22:1a**
> 이런 일이 있은 지 얼마 뒤에, 하나님이 아브라함을 시험해 보시려고, 그를 부르셨다.

아브라함을 시험해 보시려고, 가 그 시작입니다. 시험해 보시려고. 여기서 우리말 '시험하다'로 번역된 히브리어 단어(나사 נסה)는 '증명하다'로도 번역되는 단어입니다. 시험과 증명은 연결되어 있습니다. 많은 일들이 시험을 통해 증명됩니다. 작게는 학교 시험부터 그렇습니다. 학생이 얼마나 성실히 수업에 임했는지 얼마나 열심히 공부했는지는 시험을 통해 증명됩니다. 인생 전체를 볼 때도 그렇습니다. 인생 굽이굽이 시험을 통해 자신의 상태가 증명됩니다. 사람들에게 증명되기도 하지만 먼저는 자기 자신에게 증명됩니다. 아브라함은 자신이 하나님을 얼마만큼 경외하는지 몰랐습니다. 하나님께서 하늘의 뭇별을 보이시며 네 자손이 이와 같으리라 하신 그날, 그 말씀을 그대로 믿은 그의 믿음을 의로 여겨주실 때도(창15:6), 하나님의 말씀대로 자신은 물론 온 식솔들에게 할례를 행할 때도(창17:23), 그리고 모리아까지의 그 괴로운 사흘 길을 걸을 때도(창22:3-4), 그는 자신이 하나님을 얼마나 경외하는지 몰랐습니다. 아들을 바치는 지독한 시험을 치르면서 자신이 하나님을 얼마나 신뢰하며 살고 있었는지를 아브라함 자신이 보게 된 것입니다.

아브라함은 이삭을 번제로 바치기 위해 칼을 든 순간 그는 죽은 것이나 다름없습니다. 아니 그는 죽었습니다. 그는 그렇게 십자가에 못 박힌 사람이 됩니다. 그렇습니다. 아브라함의 삶은 아들 이삭을 향해 칼을 들었던 그 사건 이전과 이후로 나뉘게 됩니다.

보통 때는 거침없는 말로 자신감을 보이던 사람이 막상 그 말을 증명해야 하는 상황 앞에서는 우유부단하고 유약한 모습만 보일 때가 있습니다. 반대로 도무지 나는 못하겠다고 소심하게 말하던 사람이 막상 상황이 닥치니 너무도 대범하게 잘 해내는 경우도 있습니다. 우리는 우리 자신의 신앙에 대해 말이 앞서는 때가 많습니다. 그때그때 이런저런 이유로 얼마나 아름다운 빈 말들을 쏟아내는지 모릅니다. 자신의 그 말이 텅 빈 말이었는지 속이 꽉찬 말이었는지는 상황을 맞닥뜨리며 알게 됩니다. 예배당 안에서는 모릅니다. 책상 앞에서는 모릅니다. 자신의 말과 글이 자기 전부인 줄 압니다. 훌륭한 사람들 틈에서는 모릅니다. 저들이 나를 얼마나 견뎌주며 품어주고 있는지를 모릅니다.

어느새 포장에 익숙해진 나를 상황이 드러내 줍니다. 어느새 화장에 익숙한 나를 관계가 드러내 줍니다. 우리는 그때 비로소 우리의 맨 얼굴을 보게 됩니다. 베드로는 자신이 주를 부인할 줄은 몰랐습니다. 자신이 그럴 줄은 몰랐습니다. 베드로의 통곡은 자신의 민낯을 마주한 자의 통곡입니다.

베드로는 물 위를 걸어 보았습니다. 비록 금방 빠지기는 했지만 얼마나 놀라운 경험입니까. 베드로는 주님을 향해 주는 그리스도요 살아계신 하나님의 아들이라는, 주께서 친히 칭찬하신 신앙고백도 했습니다. 그는 그게 자신인 줄로만 알았습니다. 그가 물 위를 걸은 것은 주의 말씀이 있었기에 가능한 것이었고(마14:29), 신앙고백 역시 하나님께서 알게 하신 것이었음을(마16:17) 그는 몰랐던 겁니다. 주를 부인하기 전까지는, 주님이 돌이켜 보시는 '그 일'이 있기까지는 말입니다.

베드로야, 너무 힘들어하지 마라

베드로의 통곡을 거슬러 올라가면 그 시작에 예수님의 말씀이 있었습니다. 그 밤 주께서 그 말씀-오늘 밤 닭 울기 전에 네가 나를 세 번 부인할 것이다-을 하지 않으셨다면 그는 그렇게 쓰디쓴 울음을 울지 않았을 것입니다. 주님의 그 말씀이 없었다면, 그리고 주님의 그 말씀에 그런 일은 없을 거라고 호언장담하지 않았다면, 그는 그렇게까지 통곡하지 않았을 것입니다. 어차피 주님은 잡히셨고 다른 제자들은 모두 뿔뿔이 흩어졌습니다. 자신은 그저 살기 위해 그랬을 뿐이고, 누구라도 그랬을 거라고 스스로 위로하고 말았을 것입니다. 그렇습니다. 베드로의 눈물은 주님의 말씀을 들은 자, 그 말씀 앞에 이런저런 모양새로 반응한 사람만이 흘릴 수 있는 눈물입니다. 예수님을 따라다니며 그렇게 많은 말씀을 들었고 그렇게 많은 기적과 표적을 보았는데 한순간에 무너지다니. 교회를 그렇게 오래 다녔는데 나름 믿음의 사람이랍시고 살아왔는데 이렇게 무너지다니. 베드로의 눈물은 그런 눈물입니다.

지금 피고인으로 초췌하게 서 계신 예수께서 돌이켜 베드로를 보십니다. 방금 전 자기 살겠다고 주님을 모른다고 한 그를 보십니다. 그를 보시는 주님의 마음이 어떠셨을까요? '이 나쁜 놈, 너도 다른 놈들과 똑같구나', 그런 마음이셨을까요? '그럼 그렇지, 네가 큰소리칠 때부터 내 알아봤다.' 그런 마음이셨을까요? 주께서 감시하듯 잘못을 잡아내듯 쳐다보셨을까요? 아닙니다. 잠시 마음의 눈으로 주님의 눈을 상상해 보십시다. 우리 주님, 책망하듯 베드로를 보지 않으십니다. 우리 주님은 베드로가 감당해야 할 시간, 그가 앞으로 건너야 할 강을 잘 건너길 바라시며 바라보십니다. 베드로야, 내가 말하지 않았니? 네가 오늘 닭 울기 전에 나를 세 번 부인할 거라고. 너무 고통스러워하지 마라, 너무 힘들어하지 마라. 괜찮다, 나는 괜찮다, 너무 괴로워하지 마라. 그런 마음으로 그런 눈으로 그를 바라보십니다.

　한 아버지가 사업에 실패한 후 일용직으로 근근이 살아갑니다. 일용직조차도 구하지 못한 어느 날, 초췌한 모습으로 터벅터벅 길을 걷고 있을 때입니다. 우연히 친구들과 함께 길을 걷고 있는 아들을 만납니다. 아들 친구 중 한 녀석이 용케도 친구 아버지를 알아보고 묻습니다-저 아저씨 너희 아버지 아니냐? 아들은 아버지를 힐끔 보더니 말합니다-아냐, 우리 아버지 아니야. 나는 모르는 분이야. 아들 친구가 말합니다. 너희 아버지랑 엄청 닮으셨다. 아들이 말합니다. 나는 모르는 분이라니까. 나는 저 아저씨 처음 보는 사람이야. 아들이 친구 녀석에게 그렇게 말하고 있을 때 아들과 아버지의 서로 스쳐 지나면서 눈이 마주칩니다. 그때 아버지가 어떻게 반응할까요? 이 녀석이 애비를 모르는 척해? 내가 널 어떻게 키웠는데 날 모르는 척해? 아들의 멱살을 잡고 혼쭐을 내주었을까요? 아닙니다. 대부분의 아버지들은 그 상황에서 가만히 모르는 아저씨가 되어 줄 겁니다. 그리고는 마음으로 이렇게 말할 것입니다. '얘야, 나는 괜찮다, 나

중에라도 오늘 일로 너무 힘들어하지 마라. 나는 괜찮다, 너만 괜찮으면 나는 괜찮단다.'

이 땅의 아버지도 그런 아들을 안쓰러워합니다. 하늘에 계신 우리 하나님 아버지도 그러하십니다. 우리는 하나님을 오해할 때가 많습니다. 점검하시는 분, 잘하나 못하나 지켜보는 교무주임 선생님 정도로 생각하는 분들이 많습니다. 분명 날 벌주실 거야, 내가 봐도 형편없는 짓을 했는걸. 내가 하나님이어도 가만두지 않을 거야. 우리는 하나님조차도 우리 수준에서 생각하는 버릇이 있습니다. 하나님은 사람이 아니십니다.

> **호세아 11:9b**
> 나는 하나님이요, 사람이 아니다. 나는 너희 가운데 있는 거룩한 하나님이다. 나는 너희를 위협하러 온 것이 아니다.

우리는 하나님이 사랑이심을 잊곤 합니다(요일4:8). 하나님은 우리의 연약함을 너무도 잘 아시는 우리의 창조주이십니다.

요한일서 4:8
사랑하지 않는 사람은 하나님을 알지 못합니다. 하나님은 사랑이시기 때문입니다.

하나님은 죄인인 우리가 인생 속에서 겪어내야 하는 것에 대해 안쓰러워하십니다. 생래적 죄인인 우리가 반드시 겪어야 할 과정이기에, 죄인인 우리로서는 건널 뛸 수 없는 시간이기에 안쓰러워하시며 지켜보십니다.

쓰디쓴 울음, 그 후

베드로의 통곡을 개역개정은 '심히 통곡하니라'로, 새번역은 '비통하게 울었다'로 번역합니다(눅22:62). 여기서 우리말 '심히'와 '비통하게'로 번역된 헬라어(피크로스, πικρῶς)는 '쓰다'라고도 번역되는 단어입니다(약 3:11에서는 쓰다로 번역됩니다). 그날 베드로는 쓰디쓴 울음을 울었습니다. 쓰디쓴 울음, 자신의 실체를 비로소 확인한 사람의 울음입니다. 자신의 모습에 화들짝 놀라며 홀로 얼굴 붉어진 채 뛰쳐나와 울게 되는 울음입니다. 처음에는 주를 뵐 면목이 없어서 너무도 송구스러워서 울었지만 결국 자신에 대한 좌절에서 나오는 울음입니다. 주님만 아시는 내 모습, 내 부끄러움, 내 못난 모습에 어찌할 줄 몰라 우는 쓰디쓴 울음입니다.

베드로는 로마 군인이나 종교 권력자들 앞에서 주님을 부인한 것이 아닙니다. 힘없는 여종 앞에서, 이름 없는 무리 중 한 사람 앞에서 주님을 부인한 것입니다. 주님을 모른다고 한 정도가 아니라 저주하며 맹세까지 했습니다. 그런 자신의 모습에 절망하며, 아프게 꺼이꺼이 통곡합니다.

놀랍게도 예수님은 그가 실족한 이후에 해야 할 일을 미리 말씀하신 바 있습니다.

> **누가복음 22:31-32**
> "시몬아, 시몬아, 보아라. 사탄이 밀처럼 너희를 체질하려고 너희를 손아귀에 넣기를 요구하였다. 그러나 나는 네 믿음이 꺾이지 않도록, 너를 위하여 기도하였다. 네가 다시 돌아올 때에는, 네 형제를 굳세게 하여라."

예수님은 내가 널 위해 기도했다고 네가 다시 돌아올 때에는 네 형제를 굳세게 하라고 말씀하셨습니다. 자신의 모습을 보고 쓰디쓴 눈물을 흘린 사람에게 주시는 말씀입니다. 그 실패, 그 낙심의 자리에 가서 홀로 꺼이꺼이 울어본 사람만이 할 수 있는 일. 형제를 굳세게 세우는 일입니다.

　그의 통곡은 당혹스러움의 통곡이며, 자신에 대한 절망의 통곡이며, 주님에 대한 죄송함에서 나온 통곡입니다. 그 밤 어둠 속에서 한없이 울던 베드로의 통곡. 우리에게도 이런 통곡이 있어야 합니다. 있어야 합니다가 아니라 우리도 이런 통곡을 하게 됩니다. 오늘날 많은 신자들이 멀찍이서 주를 따릅니다. 주님과 함께 있는 것도 아니고 그렇다고 주님을 떠난 것도 아닙니다. 주님과 멀찍이 거리를 두고 삽니다. 조금 불리하면 떠날 것이고, 주께서 뭔가 대단한 일을 해주실 것 같으면 당장 달려갈 수 있는 거리. 그날 베드로가 그랬던 것처럼 그렇게 거리를 유지하며 멀찍이서 신앙생활을 합니다. 나름 예배는 드리는데, 온통 머릿속에는 나의 안위에만 관심이 있습니다. 도무지 주님을 아는 사람 같지가 않습니다. 저는 적어도 예수님을 모른다고 하지 않아요, 그래도 저는 베드로랑은 달라요, 우리 모두는 그렇게 말하고 싶습니다. 나름 의리는 지킨다고 생각하고 싶은 마음이 우리 안에 있습니다.

　오늘날 우리들은 주님을 말로 부인하는 것이 아니라 삶으로 부인합니다. 말로는 순종을 말하지만 약간의 불편함도 못 견딥니다. 공동체 안에 있으면서 자기중심적으로 생각하고 정죄합니다. 이웃이 조금만 실수하면 반드시 응징하려 합니다. 사랑을 말하지만 사랑스러운 사람만 사랑하려 합니다. 환대를 말하지만 내 마음에 드는 사람만 환대하려 합니다. 반목과 질시로 교회가 나뉩니다. 서로 주의 이름으로 그런다는데, 그게 바로 주님을 부인하는 모습입니다. 그 모습이 바로 나는 주님을 모릅니다, 저는 예수와 상관없는 사람입니다, 라고 존재로 삶으로 말하는 겁니다.

내 영혼의 닭이 울 때

우리에게도 주의 시선과 마주치는 날, 그러니까 내 영혼의 닭이 우는 날이 찾아옵니다. 왠지 말씀이 내 귓전에 맴도는 날, 주께서 하신 말씀의 의미가 와닿는 날, 내가 얼마나 허탄한 고백과 공허한 약속을 남발하며 살아왔는지 알게 되는 날, 그날 우리의 반응이 통곡이라면 우리의 통곡은 참으로 아름다운 통곡이 될 것입니다. 우리는 그때 진짜 자신의 실체를 보고 심장에서부터 올라오는 눈물을 흘리며 새롭게 시작하게 될 것입니다. 주님의 눈길은 언제나 우리의 눈길을 기다리십니다. 주님의 눈동자 안에 내가 있고, 내 눈동자 안에 주님이 들어 있는 순간은 꼭 예배당이고 꼭 말씀 앞에서만은 아닐 것입니다. 길을 거닐다가 문득, 열심히 부끄러운 일을 하다가 문득, 하나님을 까맣게 잊고 살다가 문득 그렇게 찾아올 수 있습니다. 내 영혼의 닭 울음소리를 듣는 그날, 예수와 시선이 마주친 그날, 우리도 통곡하게 됩니다.

주님의 눈은 우리 영혼의 거울입니다. 그분과 시선을 마주하면 더할 수 없이 추한 내 모습, 이기와 탐심, 자기변명과 핑계, 늘 자기만 옳다고 생각하는 독선과 무지가 보입니다. 예수의 그 따뜻하고 사랑 가득한 시선을 만나면 우리 안에 깊은 속울음이 시작됩니다. 그렇게 내 모습에 좌절하며 깊은 후회의 울음이 시작되면 분노에 겨워 흘리는 눈물은 점점 없어지게 됩니다.

베드로에게도 꼭 전해라

예수와 베드로는 그 밤 그 눈 맞춤을 끝으로 더 이상 못 만날 것 같았습니다. 예수는 이제 십자가에 오르셨습니다. 예수는 죽음 안에서, 베드로 역시 나름의 어둠 안에서 사흘을 보냅니다. 그렇게 사흘이 흐르고 예수께서 부활하십니다. 부활의 새벽, 주의 무덤을 찾은 여인들에게 주의 사자가 나타나서 제자들에게 전하라며 이렇게 말을 시작합니다-그대들은 가서 제자들과 베드로에게 말하시오.

마가복음 16:7
"그러니 그대들은 가서, 그의 제자들과 베드로에게 말하기를 그는 그들보다 먼저 갈릴리로 가실 것이니, 그가 그들에게 말씀하신 대로, 그들은 거기에서 그를 볼 것이라고 하시오."

주의 사자의 입에서 베드로라는 이름이 나옵니다. 주께서 부활하셨음을 알리라며 갈릴리에서 다시 주를 뵙게 될 것이라고 '주님의 제자들과 베드로'에게 전하라고 합니다. '주님의 제자들과 베드로에게.' '제자들'이라고 하면 그 안에 베드로가 들어가는데 굳이 '제자들과 베드로에게'라며 베드로를 콕 집어 따로 말씀하십니다. 주를 부인한 그 베드로를 말입니다.

우리 주님은 아셨습니다. 주를 부인하고 베드로가 얼마나 상심하고 있을지. 주와 주고받은 마지막 시선으로 그가 얼마나 괴로워할지를. 그렇게 주를 떠나보내고 힘겨워할 베드로의 마음을 아신 주께서 '베드로'를 따로 콕 집어서 그에게도 빠뜨리지 말고 전하라 하십니다. 주를 부인하고 저주까지 했던 베드로를 향한 주님의 그 섬세한 사랑, 우리가 지금도 받고 있는 하나님의 사랑이 바로 그런 사랑입니다.

만약 베드로가 마지막까지 주님 곁에 바짝 붙어서 우리 주님은 너희가 생각하는 그런 분이 아니라고 비호하고, 십자가 지는 그 자리까지 갔다면 어땠을까요? 그랬다면 그는 훗날, 아주 교만해졌을 것입니다. 너희들은 왜 그 모양이냐고 나를 보라고 그 위험한 중에도 주님을 부인하지 않았노라며 사람들을 정죄하고 목이 곧은 자가 되었을 것입니다.

베드로는 주님을 부인했습니다. 베드로의 그 실패, 그 좌절이 그를 평생 낮은 마음으로 살게 했습니다. 전승에 따르면 베드로는 닭 울음소리를 들을 때마다 울었다고 합니다. 그도 주님처럼 십자가에 달려 죽었는데 어떻게 내가 주님과 같은 모습으로 죽냐며 거꾸로 매달려 죽었다고 전해집니다. 실패와 좌절이 우리를 겸손으로 데리고 간다면 그 실패와 좌절은 우리 영혼의 가장 좋은 약이 됩니다.

우리 중 어느 누가 베드로에게 의리도 없는 나쁜 사람이라고, 말과 행동이 다른 가벼운 사람이라고 할 수 있을까요? 하나님 앞에서 울지 않는 세대, 자신의 죄를 보며 좌절하지 않는 세대입니다. 내 안에 이런 통곡이, 이런 눈물이 있는가, 들여다보면 좋겠습니다. 없다면 없음에 통곡하면 좋겠습니다. 주님의 말씀을 머리에만 두고 삶으로는 주를 부인하는 우리, 주와 무관한 듯 살아가는 우리 자신을 보고 통곡하면 좋겠습니다.

베드로의 그 쓰디쓴 울음은 우리를 대신한 울음입니다. 그는 우리 앞서 울었을 뿐입니다. 어둠 속에서 목 놓아 울었을 베드로 곁에 서서 함께 울고 싶습니다. 어둠 속에서 우는 베드로의 울음소리가 그립습니다.

2장 / 우리들의 눈물 - 땅의 눈물

3장

슬퍼하는 자는

―

복이 있나니

1. 울 곳_호곡장

할머니 어디 가요?

예배당 간다

근데 왜 울면서 가요?

울려고 간다

왜 예배당 가서 울어요?

울 데가 없다

김환영의 시인의 시 [울 곳] 전문입니다. 할머니는 울기 위해 예배당으로 가십니다. 가는 길에도 울며 가십니다. 예배당을 울 곳으로 정의한 시인의 정의가 너무도 아름답습니다. 그렇습니다. 예배당은 울 수 있는 곳, 우는 곳, 울어도 되는 곳, 울음이 나오는 곳입니다.

조선의 실학자 연암 박지원은 끝없이 펼쳐진 요동 벌판을 보고는 탄성처럼 말합니다. "울기 좋은 곳이로다. 한바탕 울어도 좋겠다."-호곡장가이곡의(好哭場 可以哭矣)

호곡장은 울기 좋은 곳, 좋은 울음터라는 말입니다. 연암은 1,200리(470km)에 달하는 너른 평원을 보고는 가장 먼저 울음을 생각합니다. 그런 그에게 동행한 이가 갑자기 왜 울음(통곡)을 이야기 하느냐고 묻자 연암은 이렇게 답합니다.

> 사람들은 다만 칠정(희노애락오욕애) 가운데서 오직 슬플 때만 우는 줄로 알 뿐, 칠정 모두가 울음을 자아낸다는 것은 모르지. 기쁨(喜)이 사무쳐도 울게 되고, 노여움(怒)이 사무쳐도 울게 되고, 즐거움(樂)이 사무쳐도 울게 되고, 사랑함(愛)이 사무쳐도 울게 되고, 욕심(欲)이 사무쳐도 울게 되는 거야. 근심으로 답답한 걸 풀어버리는 데에는 소리보다 더 효과가 빠른 게 없지. 울음이란 천지간에 있어서 우레와도 같은 것일세. 지극한 정(情)이 발현되어 나오는 것이 저절로 이치에 딱 맞는다면 울음이나 웃음이나 무에

다르겠는가.[18]

연암은 알았습니다. 울음은 모든 감정에 잇닿아 있다는 것을 말입니다. 슬플 때만 우는 것이 아니라 기쁨과 즐거움이 넘쳐도 울고, 노여움과 욕심이 가득해도 울고, 사랑이 깊어도 우는 게 사람이라는 것을 연암은 알았습니다.

사람의 마음에는 눈물의 우물이 있습니다. 반드시 흘러나와야 하는 눈물, 신음으로라도 흘러나와야 하는 통곡이 있습니다. 나와야 할 눈물이 계속 고여 있으면 몸과 맘에 병이 생깁니다. 내뱉어야 하는 통곡을 그저 머금고만 있으면 그 통곡이 기어이 몸과 마음의 무엇인가를 상하게 합니다. 다들 울어야 하는데 울고 싶은데 마땅히 울 곳이 없습니다. 멋진 호곡장(울음터)을 만나 한바탕 울음을 쏟아 놓으면 좋으련만 호곡장을 찾는 일도 그리 만만치가 않습니다.

할머니는 예배당으로 울러 가십니다. 가시면서도 웁니다. 할머니는 예배당에서는 울어도 된다는 것을 알았습니다. 달리 울 곳이 없어서 찾아

---

18) 고미숙, 『열하일기, 웃음과 역설의 유쾌한 시공간』 (서울: 북드라망, 2019), 278.

가게 된 예배당이었는데 이제는 압니다. 예배당에서는 소리내어 꺼이꺼이 울어도 괜찮다는 것을. 예배당처럼 울기 좋은 곳이 없다는 것을 할머니는 알았습니다. 할머니에게 예배당은 너무도 멋진 울음터, 호곡장입니다.

저는 예배당 곳곳에 화장지를 올려놓습니다. 언제든 우시라고, 울어도 괜찮다고, 아니 제발 좀 우시라고, 눈물 콧물 다 흘려도 뭐라 하는 사람 없으니 이곳에서는 맘껏 우시라고 화장지를 여기저기 놓아둡니다.

한나의 울음터, 성전

사무엘서는 한나의 눈물로 시작합니다. 한나는 사무엘을 갖기 전에 성전에 가서 울었습니다. 한나에게 성전은 울 곳이었습니다. 성전에 가 앉으니 절로 눈물이 납니다. 자녀가 없는 설움, 그래서 받은 수욕, 그것들이 눈물이 되어 흐릅니다. 엘리 제사장에게 술취한 여인으로 보일 정도로 <u>흐느적흐느적</u> 울며 기도합니다.

사무엘상 1:10
한나는 괴로운 마음으로 주님께 나아가, 흐느껴 울면서 기도하였다.

사무엘상 1:15
한나가 대답하였다. "제사장님, 저는 술에 취한 것이 아닙니다. 포도주나 독한 술을 마신 것이 아닙니다. 다만 슬픈 마음을 가눌 길이 없어서, 저의 마음을 주님 앞에 쏟아 놓았을 뿐입니다."

한나에게 성전은 호곡장이었습니다. 그렇게 하나님 앞에서 맘껏 울고 갖게 된 아이가 사무엘입니다. 사무엘이 어떤 사람입니까? 하나님은 사무엘의 말이 하나도 땅에 떨어짐 없이 다 이루어지게 하셨습니다. 사무엘은 일선에서 물러난 후에도 기도 쉬는 죄를 범하지 않았습니다.

사무엘상 3:19
사무엘이 자라매 여호와께서 그와 함께 계셔서 그의 말이 하나도 땅에 떨어지지 않게 하시니 (개역개정)

사무엘상 12:23
나는 너희를 위하여 기도하기를 쉬는 죄를 여호와 앞에 결단코 범하지 아니하고 선하고 의로운 길을 너희에게 가르칠 것인즉 (개역개정)

사무엘은 이스라엘이 왕을 원할 때 하나님이 느끼신 서운함을 함께 느꼈습니다.

사무엘상 8:6-7
그러나 사무엘은 왕을 세워 다스리게 해 달라는 장로들의 말에 마음이 상하여, 주님께 기도를 드렸더니, 주님께서 사무엘에게 말씀하셨다. "백성이 너에게 한 말을 다 들어 주어라. 그들이 너를 버린 것이 아니라, 나를 버려서 자기들의 왕이 되지 못하게 한 것이다."

그는 또한 사울 왕이 하나님과 멀어졌을 때는 사울을 위해서 눈물을 흘리기도 했습니다. 그렇습니다. 사무엘에게는 그런 눈물이 있었습니다.

사무엘상 16:1a
여호와께서 사무엘에게 이르시되 내가 이미 사울을 버려 이스라엘 왕이 되지 못하게 하였거늘 네가 그를 위하여 언제까지 슬퍼하겠느냐 (개역개정)

하나님은 성전을 울음터 삼은 한나의 애통함을 보셨습니다. 하나님은 한 여인의 애통을 받아주시며 그의 아들을 통해 이스라엘의 새로운 역사를 시작하십니다. 오롯이 하나님 앞에서 흘린 눈물이 이스라엘 새 역사의 씨앗이 된 것입니다.

사람, 울 곳이 필요합니다

　　연암은 드넓은 평원을 바라보며 그 엄청난 스케일에 압도되어 이렇게 독백합니다. "나는 오늘에야 알았다. 인생이란 본시 어디에도 의탁할 곳 없이 다만 하늘을 이고 땅을 밟은 채 떠도는 존재일 뿐이라는 사실을."[19] 연암은 대자연 앞에서 자신이 피조물임을 깨닫습니다. 광활한 대지에 경이로움을 느끼며 자기 존재의 작음을 발견한 것입니다. 조선에 몸담고 조선 땅만 보고 살아온 연암입니다. 정치며 학문이며 그 모든 상황이 답답한 터에 열흘을 가도 산이 보이지 않는다는 광활한 요동 벌판 앞에서 그는 자신의 학문도 사유의 세계도 그리고 자신도 얼마나 작은지를 만납니다.

　　우리는 위대한 자연, 압도적 광경, 경이로운 예술 앞에 서면 우리 자신의 피조물됨, 한계와 무능, 그리고 쓸모없음과 하잘것없음을 보게 됩니다. 새로운 세계 앞에서 경이로움과 함께 좌절을 만납니다. 설명하기 어

---
19) 같은책, 277.

려운 감동이 눈물이 되어 나옵니다. 보고 느끼는 것과 내 존재와의 간극이 주는 당혹스러움에서 나오는 눈물입니다.

말씀을 통해 하나님을 조금씩 알아가고 경험하다 보면 우리는 하나님이라는 절대적 존재를 향한 두려움과 기대를 동시에 갖게 됩니다. 육신이 되신 말씀, 전혀 새로운 인격인 예수라는 존재 앞에서 우리는 경이로움과 친밀함을 동시에 갖게 됩니다. 예수로 인해 울기도 하고 울기 위해 예수를 찾기도 합니다.

아프고 힘들 때, 나의 아픔과 힘듦을 알아주는 사람과 눈이라도 마주치면 꾹꾹 눌러왔던 힘겨움이 여지없이 눈물이 되어 나옵니다. 그렇습니다. 힘들 때는 사랑하는 사람과 눈만 마주쳐도 눈물이 납니다. 잔뜩 긴장한 채로 감정을 잘 추스르다가도 저쪽에서 나를 응원하는 이와 눈이 마주치면, 그가 고개라도 끄덕여 주면, 괜스레 눈가가 촉촉해져 옵니다.

우리가 기도할 때 눈물이 나는 것은 하나님과 시선이 마주쳤기 때문입니다. 하나님께서 나의 눈을 바라보시며 고개를 끄덕여 주시니 자꾸 눈물이 납니다. 그렇습니다. 기도할 때 눈물이 나는 이유는 나를 너무도 잘 아시는 하나님과 눈을 마주하고 있기 때문입니다. 날 알아주는 분과 눈을 마주하니 눈물이 납니다.

홀로 예배당에서 라흐마니노프 피아노 협주곡 2번을 들으며 눈을 감습니다. 그러면 그 음악이 한 번도 가보지 못한 요동 벌판으로 데리고 갑니다. 어느 날은 베토벤의 교향곡이, 어느 날은 말러의 교향곡이 한 번도 본 적 없는 사막의 밤하늘을 보여주고, 한 번도 본 적 없는 극지방의 오로라를 보여줍니다. 그렇게 눈을 감은 채 눈을 뜨면 대자연 앞에서 울고 있는 저를 보게 됩니다. 눈을 감기만 하면 예배당은 언제나 저의 울 곳, 호곡장이 됩니다.

우리는 부족한 사람을 사랑하는 부족한 사람들입니다. 우리는 연약한 사람을 섬기는 연약한 사람들입니다. 우리는 상처 많은 사람을 사랑하는 상처투성이의 사람들입니다. 우리는 악한 사람들을 견뎌내는 악한 사람들입니다. 그러니 우리가 어떻게 눈물을 흘리지 않고 살 수 있겠습니까? 사랑한다는 것은 수없이 많은 거절을 경험하는 것인데 어찌 울음 없이 사랑을 할 수 있겠습니까?

예수 믿고 난 후 우리의 남은 삶은 끊임없이 자신의 부족함과 연약함, 그리고 악함을 발견하는 여정입니다. 자신의 바닥을 계속 보니 어찌 통곡하지 않을 수 있겠습니까? 이 세상에 울 곳이 필요 없는 사람은 없습니다. 모든 인류는 울 곳, 호곡장이 필요합니다.

십자가, 인류의 호곡장

할머니는 예배당에 울러 가십니다. 예배당까지 가는 길에 이미 눈물이 흘러내립니다. 맘껏 울 생각을 하니 벌써부터 눈물이 마중을 나옵니다. 할머니는 그렇게 예배당에서 울고 마음을 추스르고 다시 고단한 삶을 살아냅니다. 할머니 자신의 난 날과 죽을 날을 다 아시는 하나님 아버지 앞에서 아이가 되어 한껏 마음을 토해낸 후 다시 할머니가 됩니다. 하나님 앞에서 맘껏 울고 난 후 다시 자신의 일상을 살아냅니다. 때로는 즐거이 때로는 버티며 다시 삶을 살아냅니다.

사람이 되어 사람의 아들(인자)로 살았던 예수는 인류의 모든 아픔과 슬픔을 아십니다. 예수가 모르는 인류의 고통은 없습니다. 그래서 예수와 시선이 마주치면 우리는 예수의 위로를 받게 됩니다. 예수가 나의 고통에 손을 대면 내 고통이 그의 십자가로 흘러갑니다. 예수가 내 상처를 보듬으면 어느새 아물기 시작합니다. 예수 품에 안기면 그의 아름다움이 내게 묻기 시작합니다. 인류의 최고의 울음터, 최고의 호곡장은 바로 십자가 아래입니다. 예수 그리스도가 바로 우리의 최고의 울음터입니다.

그렇게 예수 앞에서 우는 자는 이제 하늘 아래 어디든 호곡장(울음터)이 된다는 것을 알게 됩니다. 예수는 만물 안에 계시기 때문입니다.

요한복음 1:3
만물이 그로 말미암아 지은 바 되었으니 지은 것이 하나도 그가 없이는 된 것이 없느니라 (개역개정)

예수를 호곡장 삼은 사람은 이제 다른 사람들의 울 곳, 호곡장이 되어 줍니다. 누군가 와서 마음 놓고 울어도 좋을 사람이 됩니다. 말이 날까 걱정하지 않아도 될 사람, 눈물 콧물 흘리며 추한 모습 보여도 괜찮을 사람이 됩니다. 그렇게 그의 손을 잡고 예수의 십자가 아래로 함께 갑니다. 인류의 최고의 호곡장, 예수께로 말입니다.

2. 백만 번을 산다한들

　　백만 년 동안 백만 번이나 죽고 백만 번이나 산 고양이가 있습니다. 백만 명의 주인들이 고양이를 좋아했지만 고양이는 그 어느 주인도 좋아하지 않았습니다. 모든 주인이 고양이가 죽을 때마다 울었지만 고양이는 한 번도 울지 않았습니다. 고양이는 이번에는 도둑고양이로 태어납니다. 고양이는 누군가의 고양이가 아닌 자기만의 고양이인 것이 좋았습니다. 그 어떤 고양이에게도 관심이 없던 고양이 앞에 하얗고 예쁜 고양이가 나타납니다. 늘 '난 백만 번이나 죽었었다고!' 으스대던 고양이었는데 그 하얀 고양이 앞에서는 자신이 백만 번 죽었었다는 것이 아무 의미가 없어졌습니다. 백만 번 산 고양이와 하얀 고양이는 가정을 꾸립니다. 어느새 고양이는 자기 자신보다 흰 고양이를 더 사랑하게 되었습니다. 백만 번 산 고양이도 흰 고양이도 점점 늙어갑니다. 고양이는 흰 고양이와 오래오래 살고 싶었습니다. 그러던 어느 날, 흰 고양이가 꼼짝도 하지 않습니다. 숨을 거둔 겁니다. 백만 번 산 고양이는 그날 처음으로 웁니다. 흰 고양이 곁에서 울고 울고 또 웁니다. 밤이 지나고 아침이 오고 또 밤이 오고 아침이 오도록 울음을 그치지 않습니다. 그렇게 백만 번이나 웁니다. 백만 번을 울더니 흰 고양이 곁에서 조용히 숨을 거둡니다. 그리고 고양이는 다시는 되살아나지 않았습니다. 일본의 동화작가 사노요코의 『백만 번 산 고양이』라는 동화의 줄거리입니다.

　백만 번의 삶과 백만 번의 죽음이라니. 그 정도라면 삶은 심드렁하고, 죽음에도 냉소적일 겁니다. 삶도 죽음도 모두 시시했던 고양이가 사랑을 하면서 생의 기쁨을 알게 되었습니다. 백만 번이나 살아보았지만 그간의 삶은 삶이 아니었습니다. 백만 번이나 죽어보았지만 그간의 죽음은 죽음이 아니었습니다. 고양이는 사랑을 한 후에야 비로소 진짜 죽습니다. 백만 번 산 고양이는 죽음으로 아니, 사랑으로 자신의 삶을 완성합니다.

사랑이 고프다는 것은 하나님이 고프다는 것

우리는 모두 한 번의 삶을 살아갑니다. 하나님은 모든 인생에게 단 한 번의 삶의 기회를 주십니다. 단 한 번의 삶을 살아가면서 우리는 자신이 이 땅에 온 이유를 찾고 자신의 자리를 찾아갑니다. 그 여정 속에서 우리는 사랑하고 사랑받으며 사람다워집니다. 사람의 삶에는 사랑이라는 주제가 내내 흐르고 사랑이라는 소재가 구석구석 들어 있습니다.

사랑이 도대체 뭐길래 동서고금을 막론하고 모든 예술과 모든 문학의 중심에 있는 것일까요? 도대체 사랑이 뭐길래.

사람은 정말이지 사랑을 먹고 사는 존재입니다. 사랑받는 사람의 얼굴에서는 빛이 납니다. 사랑하는 사람의 얼굴에서는 말할 수 없는 생의 기쁨이 느껴집니다. 사랑받지 못한 사람은 인간성을 상실하고 사랑하지 못하는 사람은 그 존재가 쇠해집니다. 사랑받지 못한 아이들은 병들고 사랑하지 못하는 청춘들은 시들어 갑니다. 사랑을 나눌지 모르는 중년의 얼굴에는 한없이 초라한 강퍅함이 드리워져 있습니다.

사람에게 사랑이 그렇게나 중요한 이유는 무엇일까요? 그것은 바로 하나님이 사랑이시기 때문입니다. 그렇습니다. 인간이 끊임없이 사랑하기를 갈구하고 사랑받기를 갈망하는 이유는 자신의 출처인 하나님을 향한 그리움으로 인한 것입니다.

> **요한일서 4:8**
> 사랑하지 않는 사람은 하나님을 알지 못합니다. 하나님은 사랑이시기 때문입니다.

사람 안에 있는 하나님의 형상은 여러 모양새로 드러나지만 사랑을 갈망하는 모습으로도 드러납니다. 사랑할 때 사람은 존재의 충만함을 느낍니다. 사랑을 주고받을 때 자신의 존재의 출처인 하나님을 막연하게나마 느끼게 됩니다. 많은 사람들이 나 좀 사랑해 달라고 조용히 심술을 부리기도 하고, 내게 사랑이 필요하다며 비명을 지르기도 합니다. 그렇게나 사랑이 고프다는 것은 지금 하나님이 고프다는 것입니다. 누군가를 통해 하나님의 사랑을 만나고 싶은 것입니다. 그들이 이를 인식하든 그렇지 않든 말입니다.

'당신은 사랑받기 위해 태어난 사람'이라는 ccm을 처음 들었을 때의 감동을 잊을 수가 없습니다. 내가 사랑받기 위해 태어난 사람이라고? 내가? 당시 그 노랫말은 제게 너무도 충격적이었습니다. (가정에서 혼자 예수를 믿다보니) 나름 사랑하기 위해 애쓰며 살던 터였습니다. 사랑하기 위해 태어난 존재라고만 생각했지 사랑받기 위해 태어났다고는 한 번도 생각해 본 적이 없었습니다. 부모님이 나를 정말 사랑하시는구나,를 느껴보지 못한 채 부모님을 사랑하려 애썼습니다. 형제자매들과도 그랬습니다. 그저 나라도 부모님 속 썩이지 말아야지 하는 아이였습니다. 집안에서 있는 듯 없는 듯한 아이였습니다. 부모님에게 믿을 만한 자식이었을지는 몰라도 사랑스러운 아이는 아니었던 게 분명합니다. 그렇게 학창 시절을 보냈습니다. 내 안에 사랑이 고픈 줄도 모르고 사랑하려고 애썼던 내게 '당신은 사랑받기 위해 태어난 사람'이라니. '당신이 이 세상에 존재함으로 인해 우리에겐 얼마나 큰 기쁨이 되는지'라니. 너무도 놀라운 가사였습니다. 저로 하여금 복음에 다시 눈뜨게 한 노랫말이었습니다. 그렇습니다. 모든 사람은 사랑받기 위해 태어난 존재입니다.

하나님은 사람 안에 자신의 DNA를 심어 놓으셨습니다. 사랑하고 사랑받으며 살게 하셨습니다. 사랑하고 사랑받음으로 사람다워지게 하셨습니다. 우리를 사랑하시느라 눈물 흘리신 하나님은 그 사랑과 그 눈물을 사람 안에 심어 놓으셨습니다. 백만 번 살고 죽는다 해도 사랑때문에 눈물을 흘려본 적이 없다면, 하나님의 형상은 우리 안에서 굳어진 화석일 뿐입니다. 사랑 때문에 눈물을 흘려 본 사람, 사랑 때문에 죽어본 사람, 그가 진짜 사람입니다.

울음, 인간의 첫 번째 언어

사람은 첫 숨으로 울음을 터트리는 존재입니다. 아기들의 첫울음은 호흡인 동시에 이 땅에 잘 도착했다는 신호이기도 합니다. 울음은 생득적 감정 표현입니다. 아기들은 배운 적도 없는데 잘도 웁니다. 힘찬 울음으로 이 땅의 삶을 시작한 아기는 배고파도 울고 아파도 울고 불편해도 울고 졸려도 울고, 울고 울고 또 울면서 자랍니다. 그렇습니다. 아기들의 첫 언어는 울음입니다. 사람은 웃는 존재 이전에 우는 존재입니다. 생리현상에 반응하며 단순한 울음만 울던 아기가 몸과 맘이 자라면서 감정이 섬세해지고 눈물도 다양해집니다. 후회와 슬픔의 눈물, 분노와 억울함의 눈물, 그리고 기쁨과 환희의 눈물까지 여러 이야기를 담은 눈물을 흘립니다. 청소년기를 지나 청년이 되면서 자신의 울음을 조절할 줄도 알게 됩니다. 거기까지는 좋은데 어른이 되면서 울지 못하는 사람이 되어가곤 합니다. 우리들의 부모 세대는 맘껏 울지 못했습니다. 울 곳도 없고 울어봐야 소용도 없고 울어가지고는 삶을 유지할 수 없었습니다. 마음을 다잡고 울음을 꾹꾹 누르며 살아야 했습니다. 더욱이 남성에게는 눈물을 금기시 했습니다. 오죽하면 남자는 평생 세 번만-태어날 때, 부모님이 돌아가셨을 때, 나라가 망했을 때-울라고 가르쳤겠습니까? 눈물을 나약함의 표식으로 생각했던 것입니다.

사랑은 애통을 낳고 애통은 변화를 낳고

신약의 첫 책은 마태복음입니다. 마태복음은 예수께서 공식적으로 회중을 앞에 두고 하신 첫 말씀으로 산상수훈을 기록합니다. 예수는 산상수훈을 통해 슬퍼하는 자가 복되다 말씀하십니다.

마태복음 5:4
슬퍼하는 사람은 복이 있다. 하나님이 그들을 위로하실 것이다.

우리말 '슬퍼하다'로 번역된 헬라어 펜테오($\pi\varepsilon\nu\theta\varepsilon\omega$)는 아주 격렬한 슬픔을 말합니다. 단순히 슬퍼하는 자라고 하기에는 아쉬워서인지 개역개정은 '애통하는 자'로 번역합니다. 애통하는 자-깊은 슬픔 중에 있는 자가 복되다고 하십니다. 사람은 누구나 슬픔으로부터 도망치고 싶어 합니다. 슬픔이 찾아오면 그 슬픔을 쫓아내기 바쁩니다. 슬픔 없는 곳으로 가고 싶어 합니다. 어서 기쁨의 자리로 웃음의 자리로 가고 싶어 합니다. 그런데 슬퍼하는 사람이 복되다니.

슬픔을 느낀다는 것은 고도의 민감한 마음입니다. 고등동물, 하등동물이라는 표현은 좋은 표현은 아니지만 편의상 사용해 보겠습니다. 고등동물은 하등동물에 비해 더 많은 통증을 느낀다고 합니다. 침팬지가 지렁이보다 더 다양한 감정을 느끼고 더 많은 통증을 느낀다는 것에 대해 어느 누구도 의심하지 않을 것입니다. 사람이 느끼는 통증과 감정은 여타 동물들과는 비교할 수 없을 정도입니다. 사람이 더 많은 통증과 더 많은 감정을 느끼는 이유는 다른 생명체에 비해 보다 깊고 깊은 사랑, 섬세한 사랑을 하기 때문이 아닌가 싶습니다. 사람 안에 있는 하나님의 형상은 그렇게 다양한 통증, 다양한 감정, 다양한 눈물로 나타납니다. 사람 중에서도 유난히 섬세한 마음을 가진 사람들이 있습니다. 그런 사람들은 좀 더 많은 슬픔을 안고 삽니다.

세상은 우리의 심령을 무디게 하는데 열심입니다. 소유에 대해서는 민감하게 만들고 존재에 대해서는 무디고 둔하게 만들려고 합니다. 존재를 기뻐하고 존재를 슬퍼한다는 것은 어쩌면 영적으로 민감하다는 증거인지도 모르겠습니다. 그 민감성 위에 창조성이 더해지면 놀라운 일이 시작됩니다. 슬픔이 의로운 분노를 일으킵니다. 의로운 분노는 기어이 행동이 되어 나옵니다. 그렇습니다. 세상의 변화는 강한 사람에 의해 시작되지 않습니다. 마음에 애통함이 있는 사람들에 의해 시작됩니다.

음주운전으로 아이를 잃은 엄마가 그 애통함을 안고 음주운전 처벌 규정을 만들었습니다. 난치병을 가진 형제를 보며 애통해하던 아이가 그 분야의 의사가 되어 치료약을 개발합니다. 기업의 부조리를 보며 애통해하던 사원이 완전히 새로운 기업 문화를 만들기 위해 창업을 합니다. 변질되어 가는 교회를 바라보며 애통해하던 사람이 하나님의 교회를 세워갑니다. 사랑은 애통을 낳고 애통은 변화를 낳습니다.

백만 번을 산다한들

고양이는 백만 번이나 살고 백만 번이나 죽었지만 한 번도 운 적이 없습니다. 주인들에게 그렇게 많은 사랑을 받았어도 사랑할 줄 몰랐습니다. 그러다가 한 생에서 사랑을 하게 됩니다. 한 존재를 사랑하고 그 사랑 때문에 눈물을 흘리게 됩니다. 사랑 때문에 백만 번을 울고 마침내 진짜로 죽습니다. 작가 사노요코는 백만 번 산다한들 사랑 없는 삶은 삶이 아님을 말하고 싶었던 것 같습니다. 사랑은 우리를 비로소 살게 하고 비로소 죽게 합니다. 불교에서는 윤회의 사슬에서 벗어나는 길은 깨달음이라고 말합니다. 깨닫고 나면 다시 태어날 필요가 없다는 겁니다. 백만 번 산 고양이에게 깨달음은 바로 사랑이었습니다. 그는 더 이상 다시 태어나지 않습니다. 다시 태어날 이유가 없어졌습니다.

자신을 위해 옷을 백만 벌을 산다한들 맛있는 것을 백만 가지 먹는다 한들 여행을 백만 군데 다닌다 한들 사랑하고 사랑받지 못하면 사람은 살아도 사는 것이 아닙니다. 어느 작가는 말합니다. 사랑 없는 삶은 삶이 아니라 생활이라고. 그렇습니다. 사랑 없는 삶은, 생활은 할 수는 있겠지만 진정한 삶은 될 수 없습니다. 사람은 그런 존재입니다. 백만 번 산다한들 그 삶에 사랑이 없다면, 사랑으로 인해 눈물 흘려본 적이 없다면 그 삶은 잔혹하고 메마른 생활만 될 것입니다.

예수의 십자가를 바라보며 내가 얼마나 사랑받는 존재인지 깨닫고 울어본 사람. 자신의 죄인 됨에 깨닫고 본디 나는 사랑 받을 만한 존재가 못 된다는 것에 깊이 통곡하는 사람. 그런 자신에게 쏟아지는 하나님의 그 이해할 수 없는 사랑에 감격해서 울어본 사람. 그 사람은 이제 진짜 삶을 살게 되고 또한 진짜 죽을 줄 알게 됩니다. 신의 사랑 안에서 이 땅에서 작은 죽음을 살 줄 알게 됩니다.

이 땅에 들어올 때 하나같이 힘찬 울음으로 등장한 우리들입니다. 그런 우리가 이 땅을 떠날 때는 그때와는 완전히 다른 울음으로 퇴장을 할 것입니다. 옅은 호흡으로 마지막 울음을 울 것입니다. 깊은 감사를 담아 이 땅이 얼마나 아름다웠는지 이 땅에서 한 삶을 살아간다는 것이 얼마나 귀한 것이었는지 눈물로 말할 것입니다. 내가 몰라서 그랬노라고 미안하다고 용서해달라고, 그리고 사랑했노라고 눈물로 말할 것입니다. 그렇게 끝 울음을 울며 한 삶을 마감하고 죽음 이후의 삶으로 들어가게 될 것입니다. 깊고도 맑은 마지막 눈물을 흘리며 말입니다.

3. 곡비를 아십니까?

곡비(哭婢)를 아십니까? 조선시대에는 장례가 나면, 상주는 장례 기간 내내 소리내어 울어야 했습니다. 양반 집에 장례가 나면 양반 체면에 소리내어 우는 것도 쉽지 않고 내내 우는 것이 제법 체력이 필요한 일이다 보니 대신 울어주는 종을 불렀습니다. 그때 대신 울어주는 종을 곡비(哭婢)라고 합니다. 울 곡(哭), 여종 비(婢). 우는 일을 하는 여종입니다. 훌쩍훌쩍 우는 것이 아니라 '아이고 아이고' 소리내어 구슬프게 울어야 하는 사람, 곡비입니다. 곡비는 자신의 슬픔이 아닌 다른 이의 슬픔 속에 들어가서 대신 우는 종입니다. 상갓집에 불려 간 곡비는 이제 울어야 합니다. 자기를 불러준 상주를 대신하여 애곡하고 애통해야 합니다. 죽은 이가 누구이건 상관없습니다. 일단 울어야 합니다. 직업정신으로 울었든 부탁으로 울었든 곡비는 다른 사람의 울음을 대신 울었습니다. 곡비는 그렇게 다른 사람의 울음을 대신 울다가 분명 자신의 울음을 울었을 것입니다. 아이고 아이고 소리 내어 울다가 어느새 자신의 지나온 삶을 생각하며 울고, 얼마 전 자신에게 일어났던 일들을 생각하며 울고, 이렇게 울고 있는 자신의 모습이 처량하여 울기도 했을 것입니다.

시대마다 시대를 위해 우는 위대한 곡비들이 있었습니다. 자신이 만난 시대의 아픔을 시로 표현하며 우는 시인, 인류의 고통을 이야기로 펼친 작가, 사람의 아픔을 선율로 드러낸 음악가, 선과 면과 색조로 울었던 미술가, 모두 다 아름다운 우리들의 곡비입니다. 자신의 눈물을 넘어 시대의 눈물을, 인류의 눈물을 흘린 곡비들입니다. 시대의 요청으로 눈물을 흘렸던 그 위대한 곡비들은 이제 자기만 우는 것을 넘어 우리를 울립니다. 많은 사람들이 꾹꾹 눌러 놓았던 눈물을 이런 위대한 곡비의 작품에 기대어 흘리곤 합니다. 인류의 위대한 곡비들, 시대를 위해 울더니 이제는 시대를 울립니다.

하나님도 곡비가 필요합니다

구약의 많은 예언자들이 하나님의 눈물을 대신 흘렸습니다. 하나님의 말씀이 임하면 하나님의 말씀만 임하는 것이 아니라 하나님의 마음도 임합니다. 하나님의 말씀이 선지자의 마음 안에서 육화되면서 하나님의 마음을 갖게 됩니다. 말씀과 함께 눈물주머니가 함께 옵니다.

눈물의 선지자로 알려진 예레미야는 하나님께 부름받은 후, 하나님의 마음으로 울고 울고 또 웁니다.

> **예레미야 9:10**
> 나는 산들을 보고 울며 탄식합니다. 광야의 초원을 바라보고, 슬픈 노래를 읊겠습니다. 그처럼 무성하던 곳들이 모두 황무지가 되었고, 지나다니는 사람이 하나도 없습니다. 가축 떼의 울음소리도 들려오지 않습니다. 공중의 새에서부터 들의 짐승에 이르기까지, 다 다른 곳으로 도망하여 사라졌습니다.

> **예레미야 13:17**
> 너희가 이 말을 듣지 않으면, 너희의 교만 때문에 내 심령은 숨어서 울고, 끝없이 눈물을 흘릴 것이다. 주님의 양 떼가 포로로 끌려갈 것이므로, 내 눈에서 하염없이 눈물이 흐를 것이다

예레미야는 하나님의 부르심 앞에서 나는 아이라며, 나는 하나님의 부르심을 감당하지 못하겠다며 그 부르심을 슬퍼하던 사람이었습니다.

예레미야 1:6
내가 이르되 슬프도소이다 주 여호와여 보소서 나는 아이라 말할 줄을 알지 못하나이다 하니 (개역개정)

그랬던 그가 하나님의 마음을 알게 된 후 하나님을 대신하여 울고 울고 또 우는 사람이 됩니다. 예레미야는 그렇게 하나님의 곡비로 살았습니다. 하나님은 예레미야에게 예레미야 홀로 우는 것을 넘어 곡하는 여인을 불러 울게 하라고 하십니다.

예레미야 9:17-20
나 만군의 야훼가 이른다. 곡하는 여인들을 어서 불러오너라. 넋두리 잘하는 여자들을 불러 부탁하여라.
'지체 말고 구슬픈 노래를 불러주오. 눈에서 눈물이 쏟아지고 눈시울에 눈물이 방울져 내리도록!'
구슬픈 노랫가락이 시온에서 들려온다. '어쩌다가 우리는 이렇게 망하였는가? 정든 고향에서 쫓겨나 나라를 버리고 떠나야 하는 이 신세, 부끄러워라, 부끄러워라!'
너희 여인들은 야훼의 말을 들어라. 나의 말에 귀를 기울여라. 구슬픈 노래를 딸들에게 가르쳐라. 이런 넋두리를 함께 익혀라. (공동번역)

하나님은 곡비가 계속 필요하셨습니다. 하나님은 하나님의 백성을 가르치고 가르치고 가르치시더니 이번에는 울음을 가르치라 하십니다. 울어야 할 상황에서 울지 못하는 그들에게 울음을 가르치라 하십니다. 그리고는 말씀하십니다-나는 지쳤다, 너희를 불쌍히 여기기에 지쳤다.

> **예레미야 15:5-6**
> "예루살렘아, 누가 너를 불쌍히 여기겠느냐? 누가 너를 생각하여 위로의 눈물을 흘리며, 누가 네 안부라도 물으려고 들러 보겠느냐?
> 네가 바로 나를 버린 자다. 나 주의 말이다. 너는 늘 나에게 등을 돌리고 떠나갔다. 나는 이제 너를 불쌍히 여기기에도 지쳤다. 너를 멸망시키려고 내가 손을 들었다."

사랑이신 하나님께서 사랑하기에 지치셨답니다. 졸지도 주무시지도 않는다는 그 신이 지쳤다니. 은혜롭고 자비로운 그 신이 지치셨다니. 사랑의 신(神)이 사랑하기에 지치셨다니. 그러고 보니 우리가 사랑하다 지치는 것, 이상한 일이 아닌 것 같습니다.

예루살렘을 향해 '예루살렘아, 누가 널 위해 울겠느냐'며 포기하듯 말씀하셨는데 놀랍게도 신약에 오면 예루살렘을 보고 우는 이가 있습니다. 바로 우리 주 예수 그리스도이십니다.

누가복음 19:41
예수께서 예루살렘 가까이에 오셔서, 그 도성을 보시고 우시었다.

예루살렘을 위해 예수가 웁니다. 하나님의 아들 예수가 예루살렘을 보고 우십니다. 아들 예수가 아프게 우니 아버지 하나님께서 다시 예루살렘을, 다시 우리를 다시 품으십니다. 그렇습니다. 하나님의 아들 예수의 눈물이 우리를 살립니다. 이런 예수를 어찌 사랑하지 않을 수 있겠습니까?

예수의 심장으로 사역한 사도바울도 내내 눈물로 사역합니다. 교회를 세우고 사람들을 가르칠 때 또 편지를 쓸 때 그는 하나님의 눈물을 흘렸습니다.

사도행전 20:31b
내가 삼 년 동안 밤낮 쉬지 않고 각 사람을 눈물로 훈계하던 것을 기억하십시오.

빌립보서 3:18
내가 여러분에게 여러 번 말하였고, 지금도 눈물을 흘리면서 말하지만, 그리스도의 십자가의 원수로 살아가는 사람이 많이 있습니다.

고린도후서 2:4
나는 몹시 괴로워하며 걱정하는 마음으로, 많은 눈물을 흘리면서, 여러분에게 그 편지를 썼습니다. 그러나 그것은, 여러분을 마음 아프게 하려고 한 것이 아니라, 여러분을 내가 얼마나 극진히 사랑하고 있는지를 알려 주려고 한 것이었습니다.

교회, 하나님의 곡비

하나님은 지금도 하나님 대신 울어줄 곡비가 필요합니다. 교회는, 그리스도인은 하나님의 곡비입니다. 그저 말씀을 사랑했을 뿐인데 하나님의 마음이 느껴지고 어느새 눈에 눈물이 고입니다. 자꾸만 하나님의 마음을 알 것 같습니다. 눈물을 흘리며, 아-예수께서 이런 마음이셨겠구나, 어렴풋이 그 마음을 만납니다. 그렇게 하나님의 눈물을 흘리다 보면 어느새 내 마음 안에 응어리도 풀립니다. 내 안의 많은 불순물과 노폐물들이 눈물을 타고 쏟아지는 것을 경험합니다.

우리 안에 하나님의 통치가 임하고 우리가 하나님 나라가 되면 우리 안에 놀라운 일이 일어납니다. 하나님이 슬퍼하는 일에 슬픔을 느끼고,

하나님이 진노하는 일에 분노를 느끼고, 하나님이 기뻐하는 일에 기쁨을 느끼게 됩니다. 하나님의 그 슬픔, 그 아픔과 분노, 그 기쁨에 이끌리어 살아가기 시작합니다.

김소연 시인은 [고통을 발명하다]라는 시를 통해 말합니다. '사람의 울음을 위로한 자는 그 울음에 접착된다. 사람의 울음을 이해한 자는 그 울음에 순교한다.'[20] 하나님의 아들 예수는 사람이 됨으로서 사람의 울음에 접착합니다. 친히 사람이 되어 사람의 울음 속으로 들어와 사람의 울음을 이해했고 그렇게 죽음의 길을 갑니다. 그 예수를 믿는 사람들은 예수와 함께 타자의 울음에 접착되고 타자의 울음에 깊이 공감하며 자신을 줍니다. 예수가 그랬던 것처럼 말입니다.

시대를 아파하고 우는 자와 함께 우는 것을 넘어 자신이 우는 자의 자리에 가는 일, 교회의 일입니다. 가난한 자와 함께 하는 것을 넘어 가난한 교회가 되고, 낮은 자와 함께 하기 위해 낮은 교회가 되는 일, 교회의 일입니다. 자신의 언어가 없는 약자들에게 언어가 되어 주는 일, 소리치지 못하는 자들을 위해 소리치는 일, 움직이지 못하는 자들을 위해 움직이는

---
20) 김소연, 「눈물이라는 뼈」 (서울: 문학과지성사, 2009), 52

일, 모두 교회인 우리가 하는 일입니다.

　사람이 철이 들면 어머니 아버지라는 단어만 들어도 마음이 말랑말랑해집니다. 엄마 아빠라는 말에 괜스레 눈물이 납니다. 어릴 때는 그렇게도 부모님의 마음을 아프게 하더니 철이 들면 부모님을 대하는 태도가 달라집니다. 그렇습니다. 사람에게는 자녀를 대하는 애틋함과는 다른 부모님을 향한 울컥거림이 있습니다. 철없을 때 당신이 내게 뭘 해줬냐며 부모를 아프게 하던 녀석이 세상살이의 쓴맛을 보고 나면 부모님이라는 존재를 달리 느끼게 됩니다. 신앙도 그렇습니다. 내게 왜 이러시냐고 하나님을 향해 온갖 말들을 쏟아내던 이가 신앙의 철이 들면 하나님을 새롭게 만납니다. 전지전능한 하나님, 무소부재한 하나님만을 찾다가 이제 하나님을 아버지로 만납니다. 하나님의 것에만 집착하던 이가 하나님의 것이 아닌 하나님께 시선을 돌리기 시작합니다. 그간 하나님의 마음 아프게 했던 일, 하나님을 슬프게 한 일을 깨닫게 됩니다.

　교회 안에는 하나님의 눈물을 흘리는 사람들이 있습니다. 처음에는 내 슬픔, 내 억울함, 내 서러움에 사로잡혀 울었는데 어느새 하나님의 아품을 만납니다. 하나님의 아픔이 내 아픔이 됩니다. 하나님의 슬픔을 느끼며 조용히 속울음을 우는 동안 내 문제는 시나브로 사라집니다. 그렇게 하나님의 사람이 되어갑니다.

하나님은 지금도 하나님을 위해 울어줄 사람을 찾고 계십니다. 하나님은 지금도 곡비를 통해 자신의 눈물을 흘리십니다.

4. 산산조각 나면

　산산(散散)조각. 크게 몇 조각으로 깨진 것이 아니라 아주 잘게 부서졌을 때 우리는 산산조각 났다고 말합니다. 어떤 물건이 산산조각 나면 이제 가망이 없습니다. 몇 조각으로 깨졌다면야 어찌해보겠지만 산산조각 나면 이전의 모습으로 돌아갈 수 없습니다. 산산조각 났다는 것은 그래서 끝장났다는 말과 다름이 없습니다.

　더 이상 가망이 없는 것 같은 그 산산조각을 달리 보는 시선이 있습니다. '산산조각이 나면 산산조각을 얻을 수 있지. 산산조각이 나면 산산조각으로 살아갈 수가 있지.' 정호승 시인의 시 [산산조각][21]의 마지막 구절입니다. 시가 들려주는 이야기는 이렇습니다. 룸비니[22]에서 사온 흙으

---

21) 정호승, 『이 짧은 시간 동안』(서울: 창비, 2004), 19.

22) 석가모니(고타마 싯다르타)의 출생지

로 만든 부처상이 마룻바닥에 떨어져 산산조각 납니다. 흙으로 만든 부처상이 팔은 팔대로 다리는 다리대로 목은 목대로 발가락은 발가락대로 산산조각 납니다. 재빨리 접착제로 붙여보지만 모두 허사입니다. 어떻게 해서든 붙여보려 하는데 부처님이 말을 걸어옵니다. 늘 부서지지 않으려 애쓰는 불쌍한 내 머리를 부처님이 쓰다듬으며 말씀하십니다-'산산조각 나면 산산조각을 얻을 수 있지. 산산조각이 나면 산산조각으로 살아갈 수가 있지.'

우리는 부서지는 것을 두려워합니다. 깨지는 것이 싫습니다. 부서지지 않으려고 온 힘을 다하고 깨지지 않으려고 웅크리고 끌어안고 삽니다. 시의 화자도 그랬습니다. 그런 그에게 부서진 부처가 말합니다. 산산조각은 끝이 아니라 또 다른 시작이라고.

부서진 후에야 만나게 되는 것이 있습니다. 내가 산산조각 나는 고통을 지난 후에야 보게 되는 자신이 있습니다. 흙은 본디 잘 부서집니다. 하나님은 사람을 흙으로 빚으셨습니다. 그 흙이 어쩌면 몸만을 말하는 것이 아닐지도 모르겠습니다. 쉬 무너지고 쉬 조각나는 우리의 마음 역시 흙으로 표현될 수 있을 것 같습니다. 이래서 깨지고 저래서 부서지는 우리의 마음. 부서지지 않으려고 하는 것은 어쩌면 우리 존재에 대한 오해에서 나온 생각일 것입니다.

부서진 유리 조각은 그 조각조각 빛을 발합니다. 통으로 있을 때는 없었던 아름다움이 조각조각으로 발합니다. 본디 이런 것들이 모인 것이 아닌데 부서지고 나니 전혀 새로운 그 무엇이 나옵니다. 그것은 효율이나 능률만을 생각하는 사람에게는 보이지 않는 것들입니다. 사람도 그러합니다. 부서지기 전에는 몰랐던 놀라운 아름다움이 부서진 그에게서 나옵니다. 부서지고 나니 산산이 조각나니 하나하나 보입니다. 부서져야만 가질 수 있는 모습이 있다는 것을, 굳이 붙이지 않아도 되겠다는 것을, 그냥 버려져도 나쁘지 않다는 것을. 그냥 그렇게 살면 된다는 것을 알게 됩니다.

부서지지 않으려고 애쓰는 것은 분명 나쁜 것이 아닙니다. 하지만 부서지지 않고서는 볼 수 없는 세상이 있습니다. 부서지지 않고서는 볼 수 없는 자아가 있습니다. 무엇보다도 부서지지 않고서는 도무지 볼 수 없는 예수가 있습니다.

이미 부서진 나를 거부하면 이제 그 조각들은 흉기가 됩니다. 뾰족한 시선으로 세상을 봅니다. 타인에게 상처를 줍니다. 그리고 무엇보다도 그 조각으로 자신을 자꾸 찌릅니다. 부서진 나를 인정하고 받아들이고 사랑하기까지 만만치 않은 여정이 있습니다.

조각난 마음 - 상한 심령

산산조각난 마음을 성경은 상한 심령이라고 부릅니다. 성경은 우리에게 말합니다. 하나님이 원하시는 제물은 상한 심령이라고, 산산조각난 마음이라고.

시편 51:17
하나님께서 원하시는 제물은 찢겨진 심령입니다. 오, 하나님, 주님은 찢겨지고 짓밟힌 마음을 멸시하지 않으십니다.

시편 34:18
주님은, 마음 상한 사람에게 가까이 계시고, 낙심한 사람을 구원해 주신다.

상한 심령을 제물로 받으신다는 말씀을 우리 쪽에서 표현한다면 우리의 마음이 산산조각 났을 때 하나님을 깊이 만난다는 말씀입니다. 그렇습니다. 마음이 상하자 그 조각난 마음이 늘 곁에 계셨던 하나님을 비로소 느끼기 시작합니다. 마음이 산산조각 난 후에야 비로소 들리고 보이는 말씀, 느껴지는 하나님이 있습니다.

사람을 사랑하시는 하나님은 사람으로 인해 줄곧 마음이 아프신 상태입니다. 어느 신학자의 말대로 하나님은 진노의 대상인 우리를 사랑하시느라 고통받으시는 분이십니다. 우리를 사랑하시느라 마음이 상할 대로 상한 하나님이시니 어찌 상한 심령을 멸시하시겠습니까?

로마서는 우리에게 우리 몸을 거룩한 '산 제물'로 드리라고 말합니다.

로마서 12:1
형제자매 여러분, 그러므로 나는 하나님의 자비하심을 힘입어 여러분에게 권합니다. 여러분의 몸을 하나님께서 기뻐하실 거룩한 산 제물로 드리십시오. 이것이 여러분이 드릴 합당한 예배입니다.

산 제물, 살아있는 제물(as a living sacrifice)입니다. 제물은 본디 죽은 후에 제물이 되는데 살아서 제물이 되라 하십니다. 너무도 끔찍한 말씀입니다. 살아서 죽은 상태, 바로 산산조각 난 상태입니다.

생각해 보면 성경 속 하나님의 사람들 중에 산산조각 나지 않은 사람이 누가 있을까요? 아벨의 시신을 안은 아담의 마음은 산산조각 그 자체입니다. 요셉은 형들에게 버림받던 날, 그 어린 마음이 산산조각 납니다. 야곱은 요셉이 죽었다는 아들들의 말에 산산조각 납니다. 다윗은 충신 우리아의 아내를 범한 후 자기 죄에 화들짝 놀라며 마음이 조각났고, 그 남은 조각들이 다시 아들 암논으로, 다시 아들 압살롬으로 산산조각 납니다. 베드로는 주를 부인한 후 닭 울음소리와 주님의 시선에 그 마음이 산산조각 납니다. 하나님의 말씀이 임하자 이사야도 예레미야도 에스겔도 호세아도 산산조각 난 마음으로 살아가게 됩니다. 그 마음 그대로 산 제물로 살아간 사람들입니다.

산산조각 나지 않은 채 하나님을 만난 사람은 없습니다. 눈물을 훔쳐 본 적 없이 하나님을 만난 사람은 없습니다. 사랑하려 하면 할수록 우리의 마음이 부서집니다. 사랑하려 하면 할수록 내 안에 사랑이 없다는 사실에, 겸손하려 하면 할수록 나는 겸손할 수 없는 교만한 존재라는 사실에 마음이 산산조각 납니다. 어느 날은 배우자가, 또 어느 날은 자녀가 내 마음을 상하게 합니다. 사랑하는 이들로 인해 조각난 마음을 어떻게든 붙여보고자 밤새 고통스러워 하지만 그 조각들은 그렇게 붙여질 것들이 아닙니다. 다시 돌아갈 생각을 아예 버려야 합니다. 조각 난 마음으로 하나님 앞에 서야 합니다. 그러면 알게 됩니다. 아, 나는 이렇게 괴롭지 않고서는 하나님께 엎드릴 인간이 아니구나, 이렇게 조각나지 않고서는 하나님을 찾을 존재가 아니라는 사실을 말입니다.

부서지지 않으려고 애쓰는 동안 우리는 하나님과 점점 멀어집니다. 우리의 자아(自我)는 부서지기 전까지는 계속 자신의 한계와 피조성을 부인하며 살 것입니다.

예수 그리스도, 우리 주님은 십자가에서 산산조각 났습니다. 육체적으로 인격적으로 영적으로 산산조각 났습니다. 예수는 그 조각난 자신의 몸을 우리로 먹게 하시고. 흩뿌려진 자신의 피를 우리로 마시게 하십니다. 우리는 산산조각 나기 전에는 그분의 이야기를 활자로만, 머리로만 만납니다. 산산조각 난 후에야 비로소 그분의 현존 앞에 서게 됩니다. 그렇게 산산조각 난 마음으로 산산조각 난 예수를 만나면, 우리는 어느새 그분의 한 조각이 됩니다.

산산조각이 나면 산산조각을 얻을 수 있습니다. 산산조각이 나면 산산조각으로 살아가면 됩니다. 산산조각 나서 내가 쓸모없다고 느껴질 때, 바로 그때 우리는 알게 됩니다. 하나님은 나의 쓸모와 상관없이 나를 사랑하시는 분이시라는 것을.

5. 울지 마라

우는 것 외에 달리 할 수 있는 일이 없을 때가 있습니다. 그래서 하염없이 울고 있는 사람, 그런 그에게 다가가 말합니다. '울지 마.' 그 말은 뚝 그치라는 말이 아니라는 것을 우리는 다 압니다. 달리 위로할 말이 없어서 한껏 위로의 마음을 담아 한 말입니다. '울지 마.' 사랑하는 이가 말하는 울지 마는 '내가 함께 울어 줄게'의 다른 말입니다.

예수께서 아들을 잃은 나인성 과부에게 다가가 말씀하십니다. '울지 마라.' 어느 누가 아들을 잃은 그 여인을 향해 울지 말라고 할 수 있을까요. 울기라도 해야지요. 그나마 그렇게라도 아픔을 쏟아내지 않으면 살 수 없을 것 같은데 울지 말라니요. 예수의 울지 마라는, 이제 그 울음을 나에게 넘기렴, 이제 내가 울어주마, 내가 너의 눈물을 닦아주마, 라는 말씀입니다.

> **누가복음 7:12-13**
> 예수께서 성문에 가까이 이르셨을 때에, 사람들이 한 죽은 사람을 메고 나오고 있었다. 그 죽은 사람은 그의 어머니의 외아들이고, 그 여자는 과부였다. 그런데 그 성의 많은 사람이 그 여자와 함께 따라오고 있었다. 주님께서 그 여자를 보시고, 가엾게 여기셔서 말씀하셨다. "울지 말아라."

하나님은 시편 기자를 통해 말씀하십니다. 우리의 슬픔이 변하여 춤이 되게 하신다고.

> **시편 30:11**
> 주께서 나의 슬픔이 변하여 내게 춤이 되게 하시며 나의 베옷을 벗기고 기쁨으로 띠 띠우셨나이다 (개역개정)

여기서 말하는 슬픔은 우리 존재 안의 내면적 슬픔입니다. 사건이나 상황으로 찾아온 슬픔, 시간 속에서 잦아들 슬픔이 아니라 보다 근원적 슬픔을 말씀하시는 겁니다. 생각해 볼까요? 부모님이 돌아가신 슬픔이 무엇으로 춤이 될 수 있겠습니까? 자녀를 잃은 슬픔이 어떻게 춤으로 바뀔

수 있겠습니까? 주님이 기쁨으로 바꿔주신다는 그 슬픔은 특정한 한 사건이 주는 슬픔이 아닙니다. 보다 근원적 슬픔입니다. 우리 내면 깊은 곳에서 일렁이는 슬픔, 존재론적 슬픔입니다.

초대한 적 없는 슬픔이 아무렇지 않은 듯 문을 열고 들어와 동그마니 앉아 물끄러미 우리를 바라볼 때가 있습니다. 마치 그 자리가 본래 자기 자리인 양 어느새 함께 있는 것이 자연스럽습니다. 슬픔이 우리를 찾아오면 우리는 속수무책으로 슬픔에게 자리를 내어줍니다. 슬픔이 넘나들 때는 미처 몰랐다가 어느 날, 한참을 살다가 알게 됩니다. 우리 안에 근원적 슬픔이 있다는 것을 말입니다. 그래서 슬픔에게 자리를 내 주는 것이 그리도 자연스러웠다는 것을.

아름다운 것을 보면 눈물이 나는 것을 어떻게 설명할 수 있을까요? 젊음의 싱그러움을 보면 눈물이 나는 것을, 늙음의 뒷모습을 볼 때 울컥하는 것을 어떻게 설명할 수 있을까요? 춤이 될 그 슬픔은 우리 내면의 근원적 슬픔입니다. 우리의 내면의 슬픔은 우리가 육을 입고 이 땅에 사는 동안 계속될 슬픔입니다. 본향을 따로 가진 인류의 슬픔입니다.

춤으로 바꿔주실 그 슬픔이 어떤 슬픔인지 우리가 잘 모른다 해도 분명한 것은 슬픔이 변하여 기쁨의 춤이 된다는 것입니다. 슬픔이 기쁨의 소재가 된다는 것입니다. 슬픔이 클수록 기쁨이 커집니다. 그 기쁨은 슬픔이 낳은 기쁨입니다. 지나온 고통과는 별개의 기쁨이 아니라 그 고통이 낳은 기쁨입니다. 그렇습니다. 그 슬픔을 만난 이후 우리는 근원적 기쁨 속으로 들어가게 됩니다. 인간 존재가 갖는 근원적 기쁨 말입니다.

epilogue

사람, 가장 아름답고 가장 가엾고 그리고 가장 아픈 존재. 나이가
어떠하든 어쩌면 저렇게 사랑스러울까 싶을 정도로 귀엽고, 상황이
어떠하든 어떻게 그렇게까지 잔인할 수 있을까 싶을 정도로 악한 존재.
그 드러난 모습이 어떠하든 사람 안에는 누구에게나 눈물이 있습니다.

에필로그

내 안의 일렁이는 슬픔

　　큰 파도를 나타내는 순우리말 중에 '너울'이라는 단어와 '굼뉘'라는 단어가 있습니다. 너울은 바람으로 생긴 큰 파도를 말합니다. 굼뉘는 바람과 무관하게 이는 큰 파도를 말합니다. 분명 바다에 바람이 없는데 파도가 일렁입니다. 그런 날의 파도를 굼뉘라고 합니다.

　　우리의 슬픔도 너울성 슬픔과 굼뉘성 슬픔이 있습니다. 외부의 상황으로 인한 슬픔, 타자들이 만들어 준 슬픔은 너울성 슬픔입니다. 보통 우리가 느끼는 슬픔입니다. 대개는 그 슬픔을 잠재우기에 바쁩니다. 하지만 어른이 되고 나면 그와는 다른 굼뉘성 슬픔이 자기 안에 있다는 것을 만나게 됩니다. 바람과는 무관하게 일렁이는 슬픔, 근원적 슬픔입니다.

사람, 가장 아름답고 가장 가엾고 그리고 가장 아픈 존재. 나이가 어떠하든 어쩌면 저렇게 사랑스러울까 싶을 정도로 귀엽고, 상황이 어떠하든 어떻게 그렇게까지 잔인할 수 있을까 싶을 정도로 악한 존재. 그 드러난 모습이 어떠하든 사람 안에는 누구에게나 눈물이 있습니다. 자신도 모르는 눈물이 그 존재의 심연 깊은 곳에 흐르고 있습니다. 그래서 인가요? 언제부터인가 사람을 생각하면, 사람을 가만히 들여다보면 눈물이 납니다. 그가 날 아프게 해서 슬픈 것이 아닙니다. 호흡하는 모든 것을 향한 애틋함입니다. 굼뉘같은 슬픔입니다.

한참을 울며 기도한 어느 날, 눈물이며 콧물이며 닦고 일어나는데 문득 그런 생각이 들었습니다. 하나님께서 지금 나의 눈물로 나를 씻기셨구나. 예수의 보혈이 때로 내 눈물을 타고 흐를지도 모른다는 생각이 들었습니다. 그렇게 나의 속사람을 씻기신다는 생각이 들자 눈물 흘릴 수 있다는 것이 얼마나 감사한지요. 하나님은 '나'라는 세상을 나의 슬픔의 눈물, 감격과 감동의 눈물로 계속 씻겨주셨습니다. 그렇게 씻김받을 때마다 자꾸 새로운 것이 보입니다. 새로워서 새로운 것이 아니라 같은 대상, 같은 사건, 같은 관계를 새롭게 만납니다.

아이들을 보면 그 어린 생명이 가진 우주적 존재감에 가슴 벅차다가도 아이가 겪어내야 할 이 땅의 삶에 가슴이 아픕니다. 어르신들을 보면 그분들이 지나온 세월에 고개를 숙이게 되다가도 그 세월이 만든 아픔이 느껴지면 눈물이 납니다. 함께 산 지 오래된 우리 부부의 낡아진-손과 목이 자글자글하고 손과 귀가 둔해진-모습에 한바탕 웃기도 하지만 웃음 끝에 우리도 늙어가는구나 라는 생각에, 그 젊은 연인들은 온데간데 없구나 라는 생각에, 입은 웃는데 눈에는 눈물이 고이기도 합니다.

사람에게 절망하지만 다시 사람에게 힘을 얻으면서, 그래 이 땅의 삶은 그런 거지, 읊조립니다. 참 많이 아프고 참 많이 울면서 알았습니다. 울 일이 아니라는 것을. 울지 않았으면 몰랐을 것입니다. 울지 않아도 될 일이라는 것을 말입니다. 땅의 슬픔과 아픔에 울고, 그 울음 끝에 다시 올려다보는 하늘은 언제나 포근합니다.

우리는 한껏 슬퍼한 후에야 그 슬픔을 톺아보며 슬픔이 조각해 낸 나를 만나게 됩니다. 이 땅에서 슬픔을 생각하는 일, 그 끝은 언제나 예수의 슬픔, 그분의 눈물을 향합니다. 신의 아들이며 사람의 아들인 그 경이로운 존재의 눈물을 찾아 들어가면 그곳에서 전혀 새로운 깨달음과 기쁨을 만나게 됩니다.

이 땅에서 우리가 울 때마다 함께 우신 하나님, 그분 앞에 서는 날, 하나님은 우리를 안아주시며 우리 눈의 눈물을 닦아 주실 것입니다. 무지해서 흘린 눈물, 무모해서 흘린 눈물, 예수를 사랑해서 흘린 눈물, 하나님을 오해해서 흘린 눈물, 본향을 그리워하며 흘린 눈물, 그 모든 눈물을 닦아주실 것입니다.

그것이 우릴 기다린다는 것을 알게 되면 우리는 서로의 손을 맞잡고 눈물 가득한 서로의 눈을 바라보며 다정한 목소리로 말할 것입니다. 울지 말라고, 이제 울지 말라고. 물기 머금은 목소리로 그렇게 말할 것입니다.

요한계시록 7:17
보좌 한가운데 계신 어린 양이 그들의 목자가 되셔서, 생명의 샘물로 그들을 인도하실 것이고, 하나님께서 그들의 눈에서 눈물을 말끔히 씻어 주실 것입니다.

요한계시록 21:4
그들의 눈에서 모든 눈물을 닦아 주실 것이니, 다시는 죽음이 없고, 슬픔도 울부짖음도 고통도 없을 것이다. 이전 것들이 다 사라져 버렸기 때문이다.

우셨다, 그 예수가

지은이 홍선경
발행 2025년 2월 3일

펴낸곳	**한사람**
펴낸이	우지연
편집	한백향 송희진
디자인	김승수 샘물
마케팅	스티븐jh
등록일	2020년 1월 30일
주소	경기도 의왕시 안양판교로 221, 403호
홈페이지	https://hansarambook.modoo.at
블로그	https://blog.naver.com/pleasure20
ISBN	979-11-92451-40-4 (03230)

ⓒ 저자와의 협약으로 인지는 생략했습니다.
이 책의 저작권은 저자와 독점계약한 한사람 출판사에 있습니다.
무단전재와 무단복제를 금합니다. 잘못 만들어진 책은 구입하신 서점에서 바꿔드립니다.